JN239051

不安がスッと消え、誰とでもすぐにうちとける会話術

Tatsushi Kawashima
川島達史

はじめに

「気疲れしてしまう」

「なかなかうちとけられない」

「すぐに会話が終わってしまう」

「自分と相手の間に壁を作ってしまう」

皆さんは会話をするときに、こんな悩みを抱えていませんか？


もしあなたが、このようなコミュニケーションの悩みを放置しているのなら、本当にもったいない。

雑談が気軽にできれば、友達や同僚と楽しい時間を過ごせる、上司からかわいがられる、お客様から気に入られる、婚活がうまくいく……。

「会話上手」は人生がポジティブになります。

偉そうにこんなことを言ってみましたが、私はかつて本当に会話が苦手でした。誰かと話すときは、いつも緊張して顔をこわばらせていたのです。そして、相手にもそれが伝わり、会話が終わるとお互い疲れ果ててしまう……。

実は、社会不安障害になったこともありました。

社会不安障害は、人と話すことが極度に怖くなる疾患です。特にひどかったのは大学卒業間際の時期でした。このときは完全な引きこもりになってしまいました。

そんな私でもコツコツと努力をして、病気を克服し、今では会話を楽しくできるようになりました。「正しいトレーニング法を知り、努力を重ねていけば、コミュニケーション能力は必ず向上する」ことを、身をもって体験したのです。

今では、このような経験と学術的な理論を活かし、コミュニケーションのスクールを開校しています。年間、５００人以上の生徒が通う、都内でも有数の大きな講座に発展しました。

以前は**「眉間に皺《しわ》を寄せて、堅苦しい話しかできなかった人」**が、**「リラックスして愛嬌のある話し方ができる人」にガラッと変わった**というケースも珍しくありません。正しいトレーニングをすれば、会話の力は確実についていきます。

気疲れが少なくなり、うちとける力がつくと、人間関係は劇的に変わります。

誘いを受ける機会が多くなり、交友関係が広がります。

仕事では人脈が広がり、ビジネスのチャンスを得られるでしょう。

恋愛でもチャンスがずっと増えるはずです。

うちとける力をつけることで、収入が上がった、殺伐としていた家庭が明るくなった、彼氏・彼女ができた……前向きな報告をたくさんもらっています。

本書では、コミュニケーション講座でもお伝えしている、さまざまな心理療法や会話の技術をお伝えしていきます。

コミュニケーションは大変大きな概念です。

人それぞれにさまざまなシチュエーションでの悩みがあると思いますので、正直言って、万人に共通するスキルをお伝えするのは至難の業です。

しかし、私達は同じ人間です。同じ言葉を話して、同じ形をしていて、同じような脳を持っています。ですから、多少環境は違えど、誰でも使える「不安がスッと消え、すぐにうちとける会話術」は存在します。

あなたが、気疲ればかりしていて、うちとけるのが苦手だと感じることが多い方なら、本書は人生にとってなくてはならないものになるでしょう。

ぜひ本書を通して、リラックスして話す技術を身につけ、仕事でも恋愛でも充実した生活を手に入れてください！

川島 達史

もくじ　不安がスッと消え、誰とでもすぐにうちとける会話術

序章

「うちとける力」で人生は劇的に変わる

第1章 会話力がぐんぐん身につく心理学

第2章

初対面力をつければ人間関係は劇的に広がる

第3章 あなたの会話はどのタイプ？

第4章 会話が弾む絶対法則

第5章

シチュエーション別 会話で困ったときの解決法

○カバーデザイン　福田 和雄（FUKUDA DESIGN）
○カバーイラスト　坂木 浩子（ぽるか）
○本文イラスト　門川 洋子

序章

「うちとける力」で人生は劇的に変わる

1 会話力は人生の幸福を左右する

もしあなたが誰かと話すときにうちとけられず、自分も相手も気疲れしたまま会話が終わってしまっているのなら……人生のさまざまな場面で損をしているかもしれません。

例えばあなたが営業職なら、得意先と仕事の話だけしていればいい、というものではないはずです。

得意先からしてみれば、金額だけでなく**「あなたのことを信頼できるか」**が、商品購入の大事な判断基準になってきます。信頼できるかどうかを判断するために、あなたの人柄を相手は知りたがっているのです。

商談の席で軽く雑談をしたり、飲みに行ったり、プライベートで付き合ったりするともあるでしょう。もしこれらの場面で人間関係を築くことができなかったら……
営業マンとしては、かなり不利な状況に置かれます。

社内なら、上司や同僚との関係は言わずもがな、うちとける力はとても大事です。上司との日常的な会話に失敗していたら、上司とあなたの距離は遠くなっていきます。

上司も人間です。好き嫌いは思った以上に、あなたの評価に関わってくるのです。

また、同僚と人間関係をきちんと築くことができるかが、部署の成績に大きく関わってきます。仲が良く、雰囲気のいい職場では、活発な意見交換や助け合いがあります。しかし、雰囲気が悪く、社員同士がいがみ合っている職場では、足の引っ張り合いでチームの業績が下がってしまうでしょう。

仕事に限らず、会話はどこでも場所を選ばず必要となります。

友人との会話、家族との会話、恋愛、婚活……例を挙げればきりがありません。もし会話に自信がなかったとしたら、人生の多くの時間が苦痛になってしまいます。

なぜなら、この世の中はどこへ行っても人間がいて、それぞれの場面でいい関係を築いていかなくてはならないからです。

もし1人でいることを選んでしまったら、自分だけでやれる仕事や趣味に没頭することしかできません。もちろん、それもひとつの人生です。しかし、人間は1人で幸せになることなんてできないのです。

実際、「会話のスキルが低い人は、高い人よりも孤独感や抑うつ感が高い」という統計もたくさんあります。

会話ができるかどうかというのは、実は健康な食事や睡眠と同じぐらいとても大事なことなのです。

2 実は私、「元・引きこもり」

実は私自身もかつては「会話」がとても苦手で、会話力のない状態がいかにつらいか、身をもって体験してきました。

コミュニケーション講座の講師というと、元カリスマ営業マンとか、元アナウンサーとかを思い浮かべる人が多いと思います。しかし、私の肩書きは、そのような華々しい方と対極にあります。

私の肩書きは「元ひきこもり、元社会不安障害持ち」です。

「対人恐怖症」と言えばわかりやすいでしょうか。とにかく人と接することに恐怖を覚える病気になってしまったことがあるのです。

16歳から22歳の間、この病に悩まされました。半年間ほど家から出ることができなかったこともあります。ピーク時は家族と顔を合わせるのも拒否することがありました。

私の実家は3階建てで3階が屋根裏部屋になっています。私はそこに閉じこもったのです。

共働きの両親が毎朝仕事に出かけていき、誰とも顔を合わすリスクがなくなると、1階に下りて食べ物をあさって再び自室に戻るという生活をしていました。

引きこもりは半年ほど続きました。

家を出るのは1カ月に1回ぐらい。状態がいいときでもせいぜいコンビニに行くぐらいです。

しかしコンビニで「袋はいりますか?」という問いに、「はい」と答えるだけで脂汗が出て緊張で疲れきってしまうのです。

人間は1カ月言葉を発しないと、「はい」という簡単な言葉も思うように言えなく

なります。さらに、「はい」と言ったのに、店員さんが袋に入れてくれなくて、こんな簡単なコミュニケーションもできないのか……とさらに落ち込んだりしました。

ちょっと暗い話になってしまいますが、自宅で引きこもりをしているときは生きるのが本当にしんどくて、こんな自分はいなくなったほうがいい、といつも考えていました。

周りは仕事も恋愛も謳歌《おうか》している時期です。それなのに私はコンビニに行くだけで緊張して疲れきってしまうのです。「はい」と発音するだけで頭がぐらぐら重くなってしまい、呼吸するのもしんどくなってしまうのです。

こんな状態で仕事ができるわけもなく、未来に絶望していました。

そんなある日、あまりにも生きるのがしんどいので、私はどうにか楽になれないかと、自室で心理学の本を手に取り勉強をはじめました。

「将来何かに役立てよう」とかそんなつもりは一切なく、ただただ自分が生きていくための勉強です。

心理学の勉強はとてもおもしろかったです。

私は1人で苦しんでいるときは、こんな簡単な会話もできない自分は異常だと考えていました。またコミュニケーションができないのは自分の弱さであり、とても恥ずかしいことだと感じていました。

しかし、私の症状はメジャーで、**苦しんでいる人がたくさんいる**ことがわかったのです。そして、さまざまな学者さんが研究を重ねている分野でもありました。1人で苦しんでいた症状を研究している学者さんがいたことは、私の希望の光となりました。

3　鈍感であることもときに必要

自分でいろいろと研究していると、自分がなぜ会話ができないのか、人と話すと疲れきってしまうのかが、だんだんわかってきました。

私は心理学的に言うと、過剰な「公的自己意識」を抱えている状態でした。「公的自己意識」とは「他人からどう見られているか」ということを気にしている状態なのですが、これが異常に強かったことに気がついたのです。

他人からどう見られているか、という意識は社会で生きていくためには最低限必要です。「他人からどう見られてもいいや～」という状態だったら、服装も気にしないですし、気遣いもできません。

こんな状態では社会で通用するわけないのです。

しかし、これが過剰になるとマイナスになってしまいます。**「自分の表情は好印象を持たれているか？　服装は問題ないか？　会話はうまくできているか？」ということがものすごく気になってしまい、精神的に疲れきってしまう**のです。

コミュニケーションにおいては、適度に鈍感な部分が必要なのですが、私にはそれがなかったのです。

自分にダメな部分があると、「そこを誰かから見られているのではないか？　ダメなところを発見されたらどうしよう」と考え、気にするあまり会話ができなくなる、そんな状態だったのです。

これは勉強するまでわかりませんでした。心理学を勉強すると私は、**コミュニケーションが不利になる心の癖をたくさん持っている**ことに気がついたのです。

心理学は「心のあり方」について詳しく情報が載っているので、とても助けられました。実際私は前よりも対人不安が軽くなりましたし、緊張も軽くなりました。

4 会話のスキルを身につける

しかし、心理学だけでは「会話の具体的なやり方」まで学べません。

日常的な会話は自由度が高いだけに、決まった話し方などないのです。結婚式のスピーチやプレゼンテーション、ディスカッションであればまだ参考となる雛型が存在しますが、日常的な会話にはそれが存在しません。日常会話は極めて自由なのです。

そこで私は仕方なく自分で研究しはじめました。

最初は、タモリさんの会話を徹底的に分析しました。

するとタモリさんは「オウム返し」というスキルを、1分間に平均2回行っていることがわかったのです。

オウム返しとは

例えば、会話の相手が「先週京都に行ってきたんだ！　お寺たくさん回ったよ」と発言したら、「へえ～京都か～」とか「寺めぐりか～」という感じで相手が言った言葉と同じような意味のリアクションをする手法です。

ただそれは相手のタイプによって使う回数は変化してきます。

会話の相手が「よく話すタイプ」のときは回数が減って、「あまり話さないタイプ」の場合は回数が増えるのです。

このように私は、「会話ができない」ことをモチベーションにして、会話のスキル・テクニックを独自に研究していきました。

こうして会話の原理がわかってくると、少しずつ街に出るようになり、それが慣れるとフリーターになり、それが慣れるとサラリーマンになることができました。

オウム返し

そして、サラリーマンを2年やった後、一生の仕事としてコミュニケーションに関わる仕事がしたいと大学院へ行って本格的に勉強することにしたのです。

「聞き上手になるためのスキル」や、「話し下手の人がどうやったら話がうまくなるか」、「いつも言いたいことが言えなくてストレスを溜めてしまう人は、どうすれば気持ち良く自己主張ができるか」、そんなことを研究していました。

修士論文は、「成人の会話力トレーニングの効果研究」だったのですが、私が調べた限り、成人向けにトレーニングの効果を研究したのは、日本で私がはじめてです。

5 会話力は正しいトレーニングで向上する

皆さんの中には会話の力が練習で身につくのかと、疑問に思われている人もたくさんいると思います。

実は会話には改善しやすい分野と、改善しにくい分野があるのです。

最近の研究で、コミュニケーション能力は先天的に一定部分が決まってしまっていることがわかっています。体の骨格と同じで、生まれながらにある程度決まっているのです。

ですから、自分の根っこの部分を無視して、コミュニケーション能力を上げようとするのは、身長165センチの人が175センチを目指すようなもので現実的ではありません。

コミュニケーションで改善しやすい分野と改善しにくい分野について、簡単に表でまとめてみました。

コミュニケーション能力に関する悩みはかなり広いので、全てを載せることはできませんが、代表的なものについて解説しました。参考にして頂けると幸いです。

表をご覧頂いてわかるように、緊張や不安そのものをゼロにすることは難しいですが、その気持ちとうまく付き合いながら会話をすることは、努力次第でできるようになります。

具体的な方法は第1章から説明していきます。

その前に、どんな人が実際に私のところへ相談しにきたのか、紹介したいと思います。

難易度	項目	解説
改善しにくい 現実的には根本的な改善は難しい 受け入れて付き合っていくことが大事	場面緘黙	特定の場面で発言ができなくなる症状。家族とは話せるが会社などでは声が出なくなったりする。精神的なものが強く、改善は難しい。
	対人不安などの劇的な改善	対人不安は気質的な影響が強く、ゼロになることはない。
	非言語の読み取り能力	相手の表情や身振り手振りから場の空気改善を読めるようになるのは難しい。
やや改善する 正しいトレーニングと努力である程度は改善するが、個人差が激しい	気質を受け入れながら、現実的な行動をとること	気質は変えられないが、気質を受け入れながら行動できるようにすることはトレーニングで可能。
	やや複雑な場面での総合的な会話能力	複数人で話す場面など、応用力が求められる場面での会話力。努力次第で改善は可能。
	あがり症	根本的な改善は難しいが、練習によってある程度改善する。トレーニング前を100の緊張とすると、50に減らすことは可能。
改善しやすい トレーニングをすれば多くの人が成果を出す	個別の会話スキル	オウム返し、話題を振る、会話を続ける、質問をするなど、会話に必要な個別の技術は改善する。
	主張する力	ストレスを溜めやすい人は、自分の言いたいことを言えないという悩みを抱えているが、これは練習で改善できることが多い。
	笑顔や姿勢など、個別の非言語スキル	スマイルトレーニング、姿勢、身振り手振りなどはトレーニングで改善しやすい。

飲み会でうちとけられない鈴木さん

営業をしている35歳の鈴木さん。

鈴木さんの会社は中小企業ですが、誰もが知っているメーカーです。

鈴木さんは30人の営業部所に所属し、どの営業マンも同じ商品を販売しています。

「みんな自分よりも3、4倍の成績を上げているのです！」

ストレスから鈴木さんは熟睡できず、顔面蒼白で私のところへ相談にいらっしゃいました。

鈴木さんの得意先は伝統的に人間関係を大事にする業界です。ですから、重要な商談の際には飲み会が必ずあります。

しかし、鈴木さんは、**異常に緊張してしまい、会話がいつも硬くなってしまう**のです。せっかく開催した飲み会でも**無難な会話ばかりで、沈黙も多くなってしまいます。**

まさに「うちとける力」がほとんどなかったのです。

婚活で失敗続きの香川さん

香川さんは婚活力をつけるために、講座の門をたたきました。

お見合いパーティーに30回ぐらい参加しているのですが、なかなかいい結果が出ず悩んでいたのです。パーティーでカップルになったとしてもデートが1回しか続かず、2回目のデートに誘うといつもフラれてしまうと嘆いていました。

香川さんのパッと見の印象やプロフィールにはまったく問題ありません。清潔感があり、誠実で、学歴もしっかり、仕事も安定した職業に就いていました。

しかし、香川さんは、**仕事の話は得意なのですが、日常的な会話が苦手**でした。

お見合いパーティーではお互いのプロフィールシートをメモするだけで、会話が弾みません。カップルになっても、食事で間が持たず、いつも1時間程度で急ぐように終わってしまうのです。

２人の例を紹介しましたが、皆さんもこのような悩みを抱えていませんか。「うちとける力」がないと、仕事、恋愛、家族関係、友人関係などで不利な状態になってしまいます。どこか周りからの評価が低いと感じたり、恋愛がうまくいかないと感じたら、「うちとける力」を身につけましょう。

ただし、正しいやり方でトレーニングしないと、身につけることはできません。今回例に挙げた2人は、正しいやり方で「うちとける力」を身につけ、今では充実した生活を送っています。

それでは、具体的なやり方について学んでいきましょう。

第1章

会話力がぐんぐん身につく心理学

1 会話は心理的な改善が必要

「うちとける力」を身につけるには、2つの重要な要素があります。

ひとつは**「心理面の改善」**で、もうひとつは**「スキルの改善」**です。

コミュニケーションは心の状態と深く関わりがあります。**対人不安が強い状態ではどんなに会話の練習をしてもうまくいかないですし、逆にいくら心の状態が安定していても会話の技術が不足していればうまくいきません。**

これはスポーツにたとえるとわかりやすいと思います。

野球なら、ボールを正しく投げたり、バットを正しく持って振るのが、「スキル」の部分に当たります。スキルは日々の鍛錬で誰でも一定のところまで向上するものです。スポーツをやっていた人ならわかると思いますが、私も野球をはじめた当初は、

心理面とスキル面の両方が必要

ボールをキャッチすることがうまくできませんでした。
しかし、練習を毎日やっていると、3カ月もすれば、それなりにスムーズにボールを受けることができるようになります。
これは何も私だけではなく、一生懸命練習している部員なら誰でもできるようになるのです。この誰でも練習をすればある程度のところまで向上する部分を「スキル」と呼びます。

しかし、スキルが向上すれば実践でもうまくいくかというと、そうではありません。
公式の試合では、練習と違って、失敗す

ると皆に迷惑がかかります。
さらに私の高校は男子校で体育会系だったので、監督がめちゃくちゃ怖く、失敗しようものなら金属バットで頭をこづかれていました。監督の顔を見るだけで緊張して心臓がバクバクするのです。そうすると、いくら練習でうまくできても、試合ではいつもの40％ぐらいしか力が出せません。

皆さんも経験があると思いますが、いつものパフォーマンスを残すには、心理的に安定していないとうまくいかないのです。**コミュニケーションにおいても、スキルの練習と心理的な問題の改善は不可欠です。**どちらが欠けてもいけません、両方が大事になってくるのです。

2 気疲れは「嫌われることへの恐怖」から起こる

会話で気疲れしてしまう人の心の底には「嫌われることへの過剰な恐怖」があると言われています。

嫌われることが過剰に怖い状態だと、必然的に相手の顔色を窺うようなコミュニケーションをとることになります。

「嫌われていないかな」、「相手に不快な思いをさせていないかな」、「失礼がないようにしなきゃな」、という気持ちが強くなってしまうので、気疲れが起こります。

気疲れしたまま会話をしても、楽しいわけがありません。楽しくもないのに無理に笑顔を作るので、余計にそれが心の負担になって会話がますます嫌いになってしまうのです。

また**「嫌われてはいけない」という気持ちが強いと、ちょっとした相手の主張に対**

して脆弱《ぜいじゃく》な状態になってしまうので、必要以上に傷ついてしまったりします。わかりにくいかもしれないので、例を挙げて説明します。

嫌われるのが怖くて自己開示ができないAさん

婚活中のAさんは、婚活パーティーに3回出席していました。婚活パーティーでは20人ぐらいの異性と会話をするのですが、緊張してしまうAさんは、毎回会話がうまくできず、1人の指名ももらうことができません。毎回、カップルになった男女を尻目に落ち込んで帰っていました。

3回ともうまくいかなかったので、私は全然モテない……婚活はもうしたくない……と心底落ち込んでしまったAさん。私のところへ相談にいらっしゃったときは本当につらそうな状態でした。

本来ならば、はじめての婚活なのですから、ゆっくり慣れれば充分なのですが、「嫌われてはならない」という感覚が強いAさんにとっては、負担が大きすぎたようです。

状況を詳しく聞いてみると、Aさんは婚活パーティーの際に、相手の女性に対して、まったく自己開示ができていませんでした。

Aさんは自分の学歴や年収に自信がなく、それを公表すると女性から「嫌われる」と思っていたのです。ですから、仕事の話や学生時代の話になると途端にビクビクしていました。

女性からすれば、ビクビクしている男性と安心してお話しすることはできません。

Aさんの場合、**嫌われることへの恐怖が、自己開示できないという会話の状況を作り出し、結果的に相手から不信を買ってしまっていました。**

このように「嫌われることへの恐怖」が強いと気疲れし、正常なコミュニケーションがとれなくなってしまうのです。

3 無表情な人は、実は嫌われるのが怖い

会話が苦手だった頃の私は、表情がうまく作れなくなっていました。

日々の生活がつらかったので、笑顔になることができません。かといってそのまま感情を出して暗い顔をしていても「暗いやつだ」と嫌われてしまいます。

結果的に、表情がない状態が妥協点だったのです。

しかし、周りからすれば、無表情な人は不気味以外の何ものでもありません。

「川島君は何を考えているかわからない」「鉄仮面だ」と言われたことがあります。

私は嫌われるのが怖いので、**マイナスの感情がばれないように無表情**という選択をしていただけです。しかし、結果的に無表情は嫌われるので、さらに傷つき、そして混

乱するというマイナスの循環に陥っていったのです。

ちなみに、もし**あなたが無表情な人とお話しする機会があったら、決してあなたに悪意があるわけではなく、実は表現するのが苦手なだけかもしれない**と、頭のどこかに入れておくといいでしょう。

このように「嫌われることへの過剰な恐怖」があると、さまざまな問題が起きてしまいます。

しかし嫌われてはならないという感覚は必要です。「嫌われたっていい」「どんどん嫌いになってください」という状態では、気遣いができないからです。

ただし、これが過剰になったときは注意が必要なのです。会話が苦手な人は、まずこの根本的な「嫌われることへの恐怖」を整理することからはじめるといいでしょう。

4 感情は変えられない、考え方を変える

では嫌われることへの恐怖が強い場合、その気持ちをどのように緩やかにしていけばいいのでしょうか。

心理学的には大きく分けて3つの方法があります。

・ひとつ目は、**考え方を修正する**
・2つ目は、**気持ちを観察する**
・3つ目は、**体の面から緊張をほぐす**

まず、ひとつ目の「考え方を修正する」について解説していきます。

皆さんは**「認知行動療法」**という言葉を聞いたことがあるでしょうか？

わりとメジャーな手法なので知っている人も多いと思います。

認知行動療法はアメリカで発達し、今世界中で一番使われている心理療法と言ってもいいかもしれません。保険が利く国もあるぐらいの信頼性が高い方法です。

認知行動療法では、人間の心を以下のような図で表します。

例えば、上司から突然、「明日、社

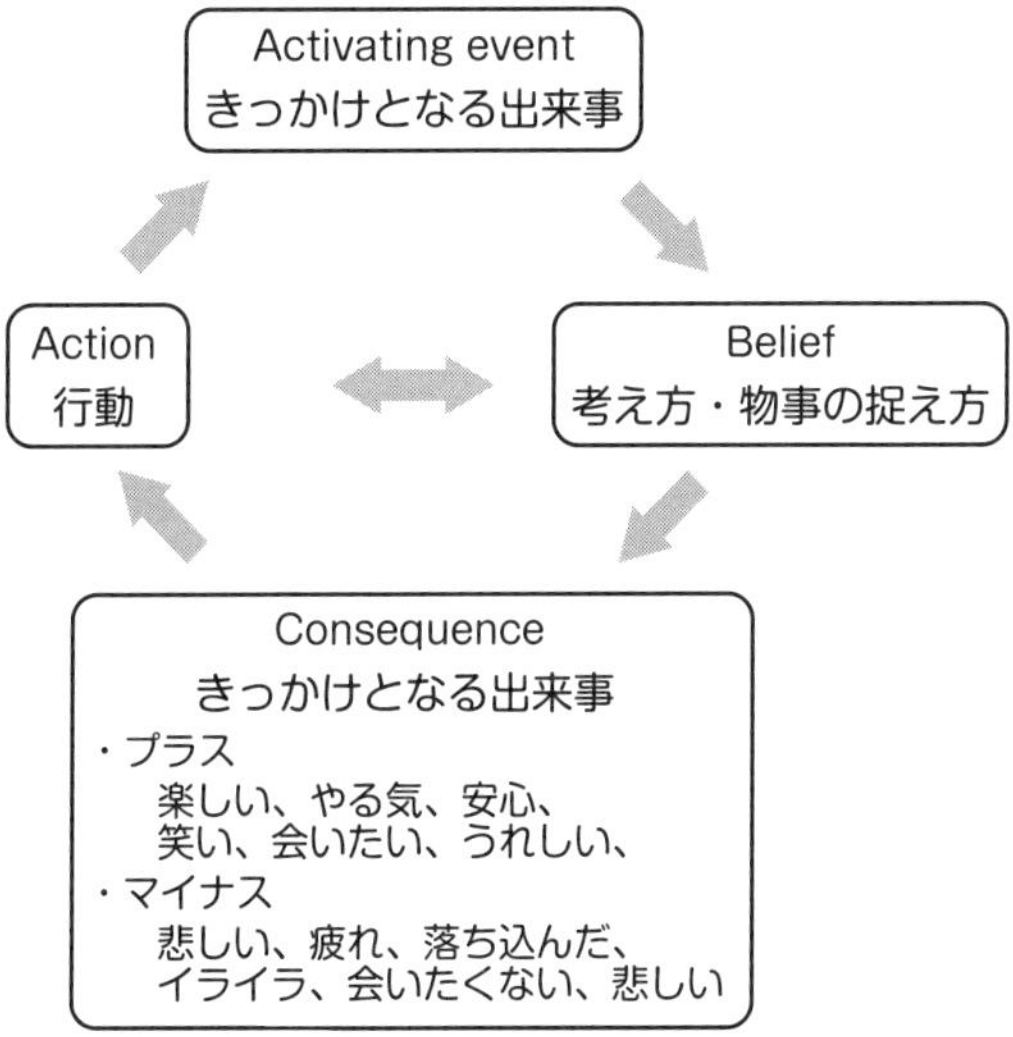

員100人の前で朝礼スピーチをしなさい」と無茶振りされたとします。100人というのは結構な数です。なかなか大変です。皆さんはどんな気持ちになるでしょうか?

反応はさまざまだと思います。緊張しすぎて、あたふたする人もいますし、「私には無理です!」と辞退してしまう人もいるかもしれません。もしかしたら、緊張しつつもわりと楽しんでスピーチをしてしまう人もいるかもしれません。

ここで大事なことは**「同じ状況」でも人間の反応はさまざま**だということです。これってよく考えると不思議なことです。**同じ状況なのに、「楽しい」と感じる人もいれば「不安だ」と感じる人もいる**のです。

では、両者にどんな違いがあるのでしょうか?

先ほどの図を参考に、考えてみましょう。

○前向きに受ける人

〈考え方〉

・100人の前では失敗するのは当たり前

・顔を覚えてもらえるくらいで話してみよう

・うまくできるとうれしいけど、失敗したら仕方ない。とりあえず、はじめてだから準備だけはしっかりしておこう。後は現場でぼちぼち話せればいいや。

〈感情〉

・楽しみ／やる気／不安／緊張

〈行動〉

・スピーチに挑戦する旨を上司に伝え、本番に向けて準備をする

○後ろ向きに考える人

〈考え方〉

・人前であがってしまう自分を見せるのは恥だ
・人前では饒舌《じょうぜつ》に話さなくては評価が下がる
・否定的な評価を受ける可能性がある場合は避けるべき

〈感情〉

・過剰な不安／過剰な緊張／落ち込み

〈行動〉

・自分には無理だとスピーチを断る

このように認知行動療法では、人間の心のメカニズムを「出来事」「考え方」「感情」「行動」に分けて考えていくのです。

ここで大事なことは、**人間が修正できるのは「考え方」と「行動」で「感情」を直接変えることはできない**ということです。

例えば、人と話すのが不安だな……と暗い気持ちになっている人がいたとします。暗い気持ちではおもしろくありません。ですが、暗い気持ちが嫌だから楽しくなろう、と考えたとして、果たして楽しくなるでしょうか？

多くの場合、その場しのぎでほとんど効果がありません。

もし「感情を直接変える方法」があったら、心療内科や精神科は明日からなくなってしまいます。

感情を直接コントロールすることは本当に難しいのです。ですから気疲れしてしまう人は、**「気疲れをなくそう」と思っても、修正することはなかなかできません。**

しかし、認知行動療法では、感情を直接操作できなくても、「考え方」を修正することで「間接的」に感情をコントロールすることはできます。

スピーチを前向きに受ける人は、「ぼちぼち話せればいい」と考え、スピーチを断る人は「恥は絶対にかいてはいけない」と考えました。この点は修正ができるのです。

例えば、

「恥は絶対にかいてはいけないと考えていたが、これは現実的でないかもしれない。人間である以上完璧でないのだから、誰だって失敗する。あがってもいいから、失敗しながら話してみよう。それでいいじゃないか。」

こんな感じで文字にして書いてみるのです。

誰かに話してみるだけでもいいかもしれません。

このように**言葉を修正すると、感情が少し和らいでいきます。**

5 「嫌われる恐怖」を軽くする考え方

前項でも説明したように、認知行動療法では、「考え方」と「感情」を分けて考えていきます。

気疲れをしてしまう人の多くは、「嫌われてはならない」という信念のようなものを持っていることが多いのです。「嫌われてはならない」という頑固な考え方があるために会話に対して恐怖心を持ってしまうのです。

考えてみましょう。果たして「嫌われてはならない」という考え方は現実的なのでしょうか。

人間にはさまざまな価値観があります。ある人は、明るく楽しい方が好きで、ある人は落ち着いてゆっくり話す方が好きだったりします。ある人は個性的な方が好きで、ある人は平均的で目立たない方が落ち着くと考えます。

ちょっと意地悪な質問をさせてください。

あなたは今、2人の方とお茶をしているとします。

するとAさんは、「いつも笑顔な方が好き」と言ってきました。

Bさんは、「いつも笑顔な人はうそ臭い」と言ってきたとします。

さてあなたは、笑顔を作りますか。それとも作りませんか？

ちょっと極端な例ですが、2人のどちらかをとれば、どちらかに嫌われてしまうことになります。「嫌われてはならない」という信念は果たして現実的なのでしょうか？

人と接する以上、嫌われてはならないという考え方は現実的ではないのです。

嫌われてはならないという考え方をしていると、どこへ行っても緊張状態が続いてしまうでしょう。

この緊張状態を改善するには、とても頑固な「嫌われてはならない」という考え方を修正することをオススメします。

例えば、

・嫌われない人間はいない。現実的には嫌われることもある
・嫌われることもあれば好かれることもある。それが人間関係だ
・嫌われることは全てが自分の責任というわけではない

「絶対に嫌われてはならない」という状況から、**「できれば嫌われたくないが、たまには嫌われるかな」というぐらい大きな視点で、人間関係を考えてみましょう。**

それだけで気疲れは軽くなるはずです。

「考え方」を変えるだけで会話が楽になる

私達がとても落ち込み、人と会うことが億劫《おっくう》になってしまったとき、多くの場合、「考え方」が「感情」に影響を与えています。

そんなときは、**ペンと紙を持って「考え方」と「感情」を分けて書き出し、「考え方」の部分を修正**してみましょう。

例えば恋愛がうまくいかないとき、あなたは落ち込むでしょう。ただマイナスの気持ちを持つことは健康的な証拠です。マイナスの気持ちを持つこと自体は悪いことではありません。

しかしこの気持ちが「長期間」続いてしまっている場合は要注意。基準として、6日以下は青信号、7日以上、14日未満は黄色信号、それ以上続いたら赤信号です。専門家の診断が必要ぐらいで考えておきましょう。

もし心の状態が黄色信号だなと感じたら、紙とペンを用意して、考え方の部分を修正してみてください。

まずは具体的にあった出来事と、そのときの考え方と感情を書き出していきます。書き出せたら、考え方を修正します。その後、自分の感情が以前とどのように変化したか感じてみます。

感情は全てプラスの感情である必要はありません。ちょっと安心できる気持ちが出ていれば充分だと考えてください。

やり方がよくわからない部分もあると思うので、カウンセリングにいらっしゃった鈴木さんを例に説明します。

鈴木さんは初対面の異性に対して、異常に緊張するという悩みを抱えていました。

○出来事

3月10日、山下さんをデートに誘った。頑張って会話をしたが、どうしてもぎこちなくなってしまう。相手の言葉を集中して聞くが、余計に疲れる感じがして落ち着かなかった。礼儀正しくしすぎて疲れる。

○考え方

・嫌われないようにしなくてはならない
・相手に絶対に好かれなくてはならない
・緊張してはいけない

○感情

・過剰な不安／過剰な恐怖／疲れ／過剰な緊張

考え方を修正しよう！

○考え方を修正

・等身大の自分を見せて、その結果を前向きに受け入れよう
・初対面では緊張するのが当たり前、緊張を受け入れながら話そう
・もともと女性と話す機会が少なかったのだから少しずつ慣れていけばいい

○修正後の感情

・不安／恐怖／安心／希望

認知行動療法では、本来もう少し詳細に気持ちがどれぐらい軽くなったかを数値化して厳密に考えていきます。

ただ日常的にやるには骨が折れるので、入門としてはこのようにシンプルに紙に書いて練習してみるといいでしょう。

6 気疲れとうまく付き合える方法

ここでは、嫌われることへの恐怖を緩やかにする方法として、２つ目の「気持ちを観察する」方法を解説していきます。

前項では、考え方を修正して、感情をコントロールする方法を学びました。

しかし、万能ではなく、やはり限界があるのも事実です。

考え方を修正すると、感情がある程度安定することは確かめられています。しかし、不安がゼロになり、気疲れがまったくなくなるかというと、そうではありません。

そこで本項では、**「マインドフルネス認知療法」**というものを学んでいきます。

簡単に言えば**「不安」をなくさないで、あるがまま受け入れ、その気持ちと付き合**

いながら生きていきましょうという方法です。

認知行動療法が、否定的な気持ちをなるべく少なくしていこうというのに対して、この方法は、マイナスの気持ちはそもそもなくすことができないから、それとうまく付き合っていくことを大事にしています。

マイナスの感情はできればなくなって欲しいものですよね。悲しい気持ちとか不安な気持ちはなるべく味わわないで、楽しいとか、うれしい、という感情で日々が満たされていればどんなに幸せでしょう。

しかし、マイナスの感情をまったくなくすことは現実的ではありません。なぜなら、**人間は脳の構造上、マイナスの感情を持つようにできてしまっているか**らです。

例えば、初対面の方はどんな人かわかりません。わからない人に対して、警戒心なくどんどん近づいてしまったら、危険な目にあうかもしれません。そのため**人間の脳**

は、人と会うと不安を覚え、簡単には近づかないように指令を出してしまうのです。

これは、人間の根本的な機能ですから、無理やりなくそうと思っても無理な話です。ある程度人間の努力によって操作できる幅はあるのですが、努力ではどうにもならない部分があります。

根本的な人間の感情は、食欲や睡眠と同じレベルの機能ですから、これをなくそうなんて無駄な努力です。

皆さんは「眠らなくて済む方法」なんていう本があったら、まずおかしいと思いますよね。それと同じです。

マイナスの感情は人間の基本的な感情です。

認知行動療法である程度、改善する努力をしたら、それ以上のことはマインドフルネス認知療法で対処しましょう。

7 「自動操縦」から脱却しよう

私達は人と話すときに、さまざまな感情が芽生えます。

・うまく話せるかな
・失敗するのが不安
・嫌われたらどうしよう

このような感情に流されてしまっている状態を「自動操縦状態」と言います。

これは本来やるべきことがあるにもかかわらずマイナスの気持ちに支配され、人間関係を避け続けてしまう状態です。

社会は人間関係で成り立っています。どこに行っても、「この人苦手だな……うまく話せるかな……不安だな……」という感情はついて回ります。

しかしここで「避ける」という選択を、なるべくしてはいけません。なぜなら、避けようと考えると、本当にやりたいことができなくなってしまうからです。

私の講座を受けている生徒さん同士で、「飲み会をしよう」という機会がときどきあります。みんなで親睦を深めようと催されるのですが、それを快く受け入れられない人もいます。

山田さんは「うまく話せるか不安だから飲み会が苦手」という、そんな生徒の1人でした。

山田さんは「自分を変えよう」と講座に来たのです。本来こういった実践的な場は、山田さんが前向きに取り組む必要がある課題だと言えます。山田さんも実際そのように考えていました。

しかし、いざ飲み会に行こうとすると、いつもの不安が頭の中をぐるぐる駆け巡ります。

どうせ飲み会に行っても孤立する、神経質な会話になってしまって変な人だと思われる……と心がどんどん重くなってしまい、結果的に参加できないのです。

このように**「本来」自分のやるべきことが頭ではわかっていても、マイナスの感情が頭の中をぐるぐる駆け巡り、やるべきことができない状態を「自動操縦」と言います。**

会話は、自分勝手に適当にやればいいというわけはなく、親しき仲にも最低限のルールはありますし、自由な世界ではありません。そのため、「失敗しないかな」とマイナスの気持ちがあること自体はとても自然なことです。

しかし、**「マイナスの気持ちがある＝コミュニケーションを回避する」という癖をつけると、いつまで経ってもコミュニケーションスキルは向上しません。**

いつまでも会話の実践的な練習する機会を得られず、さらに会話の力が低下してしまうという悪循環に陥ってしまいます。

逃げ癖は長期的に問題を大きくする

自動操縦状態になったときに、とりあえずその場を回避するということは、確かに目に見えて効果があります。なんせその場に行かなくていいのですから！　こんな簡単に効果が得られる手段はありません。

しかし、同時に回避をするということは、問題をとりあえずしのいだだけで、長期的には大きな問題として自分に跳ね返ってきます。

例えば、先ほどの山田さんですが、飲み会を断り続けたとき、飲み会に対する恐怖心は以前より大きくなりそうでしょうか？　小さくなりそうでしょうか？

多くの場合、**回避をするとその問題に対する恐怖が「さらに増す」**ことになります。回避したという意識が余計にその場に対する恐怖を大きくしてしまうのです。

回避する癖をつけると、いろんな場所に行くことが消極的になり、結果的に経験値が不足し、決まった環境でしかコミュニケーションをすることができなくなります。人との出会いは、ちょっと億劫な面も確かにありますが、自分が困ったときに誰かが助けてくれることもありますし、気の合う友人ができて楽しい生活を得ることもあります。

不安からとりあえず逃れようと回避してはいけません。人間関係から得られるメリットを全て破棄してしまうことになるのです。

8

「脱中心化」でコミュニケーション上手に

不安な気持ちはやっかいなもので、この不安との向き合い方が自分の中で整理できていないと、コミュニケーションはうまくいきません。そこでマインドフルネス認知療法では「脱中心化」という方法をとります。

「脱中心化」というのは、自分の感情をただ客観的に眺め、感情を無理に変えようしないで、自然なこととして受け入れる方法です。

先ほどの山田さんの例で考えると左の図のようになります。

自動操縦されている山田さんはマイナスの感情に取り込まれ、パニックになってしまって感情の赴くままに行動してしまいます。

脱中心化ではその**感情を客観的に眺め、冷静になってやるべきことをやる**のです。

人間の心の中には、マイナスの気持ちとプラスの気持ちがあり、天気のように移ろいやすいのです。

マイナスの気持ちになったとき、いつも回避をすることを選んでしまったら、経験を積む機会がどんどん失われてしまいます。

そこでマイナスの気持ちとうまく付き合うために脱中心化の技術が必要になってくるのです。

脱中心化

脱中心化　　自動操縦

さて、具体的な脱中心化のやり方ですが、客観的に感情を眺めることができれば、どんなやり方でもいいです。

感情を目の前において眺めてみるのもひとつのやり方です。

葉っぱの上に感情を置いたり、電車の荷台に載せて眺めてみるやり方もあります。

ここで私のやり方も参考としてお伝えしておきます。

私は**「ちゃぶ台法」**を採用しています。

これが自分としては一番しっくりきています。

まず自分の部屋を想像して、そこにちゃぶ台を置きます。ちゃぶ台を置いたら、ドアを開けっ放しにします。

そうすると、さまざまな感情がやってきます。人と話すと怖い君、女の子と話すと楽しい君、気まずい君、あがり君。

このとき、いい感情だけ残して、マイナスの感情を追い出そうとはしません。とりあえず、「まあ、よくいらっしゃいました！」とにこやかに出迎えて、ちゃぶ台の周りでくつろいでもらいます。

イメージとしてはお茶を出したりしてゆっくりしてもらう感じですね。

そして、「飽きたら出ていってもいいですし、ずっと居たかったら、ここに居てくださいね」、という感じで一緒にだらだら過ごします。

私は頭の中でそのように感情と付き

ちゃぶ台法

合いながら、脱中心化をしています。

皆さんも自分の感情を客観的に眺められて、自然なこととして受け入れられるような場所をイメージしてやってみてください。

郵便はがき

恐れ入りますが
50円切手を
お貼り下さい

112-0005

東京都文京区水道2-11-5

明日香出版社 行

感想を送って頂いた方10名様に
毎月抽選で図書カード（500円）をプレゼント！

ご注文はこちらへ

※別途手数料・送料がかかります。（下記参照）
※お支払いは〈代金引換〉です。（クロネコヤマト）

ご注文 合計金額（税込）	1000円以上　手数料200円
	1000円未満　手数料200円＋送料100円

ご注文書籍名	冊数

弊社ＷＥＢサイトからもご意見、
ご感想の書き込みが可能です！

明日香出版社HP http://www.asuka-g.co.jp

愛読者カード　弊社WEBサイトからもご意見、ご感想の書き込みが可能です！

この本のタイトル	月　日頃ご購入
ふりがな お名前	性別　男　女　年齢　　歳
ご住所	郵便番号（　　　）　電話（　　　）
	都道府県
メールアドレス	

商品を購入する前にどんなことで悩んでいましたか?

何がきっかけでこの商品を知りましたか?

商品を知ってすぐに購入しましたか?しなかったとしたらなぜですか?

何が決め手となってこの商品を購入しましたか?

実際に読んでみていかがでしたか?

ご意見、ご感想をアスカのホームページで公開してもよいですか?

① 名前を出してよい　② イニシャルならよい　③ 出さないでほしい

●その他ご意見

●どんな書籍を出版してほしいですか?

9 体の面から心をリラックスさせる方法

ここでは、嫌われることへの恐怖を緩やかにする方法として3つ目の「体の面から緊張をほぐす」やり方について解説していきます。心と体はつながっていますので、**体をリラックスさせると心もほぐれていきます**。

緊張しすぎると、滑舌が悪くなり、肩に力が入りすぎて不自然な会話になってしまいます。

そこでリラックスする方法を3つお伝えします。

普段の生活で活かしてみてください。

副交感神経を優位にする深呼吸法

リラックスする上での王道は深呼吸です。体の面から心をリラックスさせる上では深呼吸が一番効果的と言っても過言ではありません。

人間の神経には、活動を活発にする交感神経と、体を休める副交感神経があります。緊張している状態は、交感神経が活発になっている状態ですから、これを改善するには副交感神経を優位にする必要があります。このとき役に立つのが深呼吸です。

緊張が強いときはぜひ深呼吸でリラックスしましょう。

「深呼吸」は、特に道具を準備することもなく手軽にはじめられるリラックス法です。集中力が求められる場面や気持ちが落ち着かないときに実践してみましょう。

深呼吸法

① 身体を楽にして、ゆっくりと目を閉じましょう。

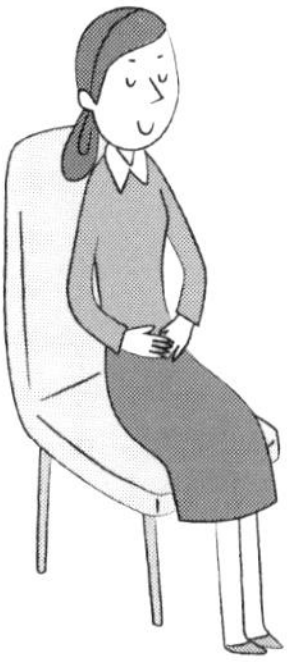

② 鼻からゆっくり息を吸いながら、意識的に下腹部を全体の8割まで膨らませましょう（6秒くらい）。

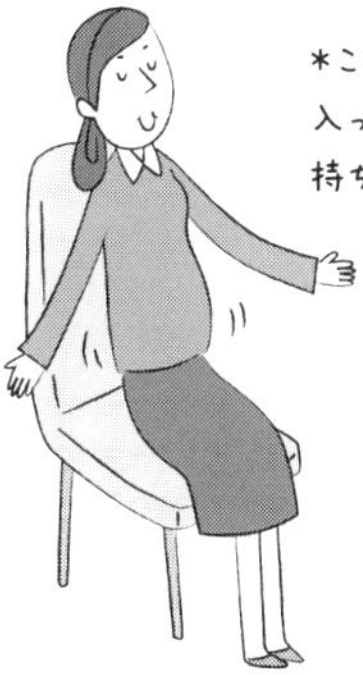

*このときいい空気が入ってくるイメージを持ちましょう

③ 意識的に息を最低3秒程度止めます（ムリはしないで）。

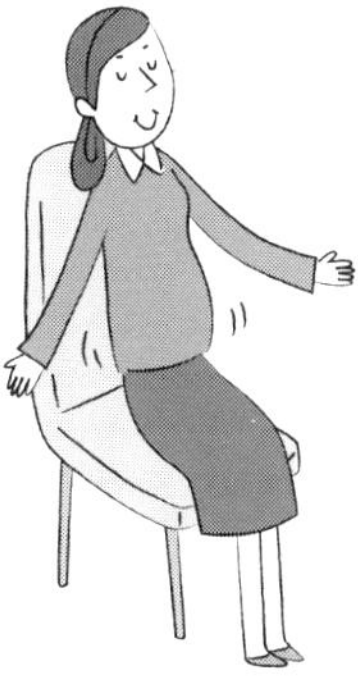

④ 口からゆっくりと息を限界まで吐き出しましょう（12秒ぐらい）。

*このとき自分自身がリラックスできて、とてもいい気分になっていることを想像します

筋弛緩法で緊張をほぐす

精神科などでよく行われている緊張の解消法で、漸進的筋弛緩法というやり方があります。

体のそれぞれの部分の筋肉を数秒間だけ緊張した状態を保って、次にそれを一気に脱力させます。緊張と脱力を繰り返すことで、リラックスを得ることができます。

筋弛緩法は朝でも夜でも家でも職場でも、場所や時間に決まりはありません。早速チャレンジしてみましょう。

正式なやり方は手順がやや複雑で、仕事場などではやりにくいので、本書ではやや簡易的な方法をお伝えします。

左の図を参考にしてください。

　大事な人と会う前はトイレにこもって試してみるといいでしょう。
　そういった時間がない場合は、極端な話、体全体に力をぐっと入れて、その後脱力するだけでも、ある程度リラックスすることができます。ぜひやってみてください。

　私も100人以上の前で研修する場合などはかなり緊張してしまうので、その前にこぶしにぎゅっと力を入れて脱力する方法をとっています。

筋弛緩法

① 全身に力を入れる。力を入れる目安は70〜80%です。

② その後、力を抜き、10秒間ほど脱力してください。

この状態を
5〜8秒
保ちます。

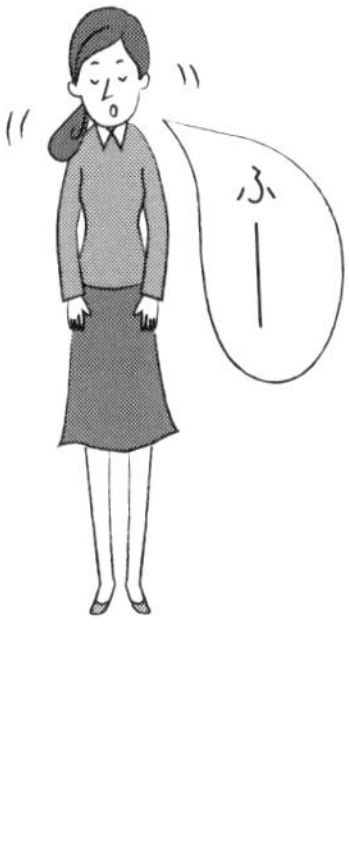

*高血圧の方は控えてください

ばかばかしい鼻歌を歌う

そのほか意外と効果的なのが、鼻歌です。

心理療法の中では音楽療法という分野があります。音楽療法では心の安定に効く音楽などが研究されていますが、最近鼻歌が心理的な改善に役立つことがわかってきています。特に**鼻歌を歌うと副交感神経が刺激され、リラックスする効果がある**ようです。

目的に応じて3つぐらい鼻歌を用意していくといいでしょう。

先日、ある大会社の社長さんとさしで飲む機会がありました。どうも私のブログを読んで気に入ってくださったようなのですが、いきなり神楽坂の高級料亭のようなところに呼んで頂き、かなりびっくりしました。

当日ですが、お店へ向かう道で「ドリフの大爆笑」を鼻歌で歌いながら歩いていきました。すると不思議なことに、これからおもしろいことが起こりそうな気分になってきます。

多少失敗してもただの飲み会ですし、おもしろいかなと思えてきます。失敗しても生徒さんに話すネタとして使えばいいや～、という感覚になってきました。

結果的に多少緊張しつつも、はじめてお会いする社長様と楽しくお話しすることができました。

こんな形で私は講義を楽しくしたいときやデートを楽しみたいときなどは、ドリフの大爆笑のテーマ音楽を鼻歌でハミングしています。この曲を歌うと、ちょっとばかばかしくて緊張する場面でも、わりと肩の力が抜けてしまうのです。

鼻歌は移動中でもできるので、手軽なリラックス法としてぜひ活用してください。

コミュニケーション能力を向上させるには、心の安定が不可欠です。まず、**「認知行動療法」**で自分の考え方に歪みがないか確かめ、ゆっくり考え方を変えていきましょう。

それでも心がスッキリしないときは**「脱中心化」**をして、なるべく愚直に行動するようにしましょう。マイナスの気持ちを「回避」してしまうと、長期的には自分自身を苦しめてしまうことになります。

また、体の面からも心を落ち着けることができます。

緊張で体がガチガチになってしまっていたら、**「深呼吸法」**や**「筋弛緩法」**を使って体の緊張を解いてください。副交感神経が優位になって、きっとリラックスできますよ♪

今回説明させて頂いたのは数ある心理療法の中の代表的なものになります。もし肌に合わない場合は、別の方法も模索してみましょう。また2週間以上かなり気持ちが落ちている場合は病院を訪ねることも検討してください。

第2章

初対面力をつければ人間関係は劇的に広がる

1 全ての人間関係は初対面からはじまる

第1章では主に心理的な面について解説させて頂きました。第2章からは、「会話の具体的なやり方」についてお伝えします。

会話において大事なことは、初対面力をつけることです。

初対面は人間関係の入り口です。初対面が苦手ということは、たとえるなら入り口が狭く、あまりおもしろそうではない遊園地のようなものです。

人気のある遊園地はどこも入り口の時点で楽しさが伝わってくるものです。

私はディズニーランドが好きなので、入り口の前に立つだけでワクワクしてしまいます。しかしディズニーランドの入り口が極端に狭く、どこかどんよりしていたら、来場者は劇減してしまうでしょう。

入り口が小さく、よどんでいたら、いくらあなたの「本当の人柄」が良くても人間関係の幅は狭くなってしまいます。

逆に入り口が大きく、相手を楽しませることができれば、人間関係は広がるでしょう。ですから、初対面力が必須なのです。

では初対面力をつけるには、どうすればいいのでしょうか？

具体的には以下の４つのスキルが必要となります。

①親密度に応じた話題の進め方

②自己開示スキル

③相手の発言の肯定力

④印象のいい笑顔

それではひとつひとつ丁寧に説明していきます。

2 初対面の人とは軽い話題から

初対面の会話において大事なことは、話題の選択に気をつけることです。初対面はお互い不安と警戒心を持つものです。この状態でいきなり恋愛や仕事の深い話などをしても会話は弾みません。まずは心のドアをノックするような気持ちで、軽い話題からはじめるといいでしょう。

実は**「嫌われることへの過剰な恐怖」を持っている人ほど、表面的で軽い話題が苦手な傾向にあります。**軽い話題ではなく、深い話題に進みたがるのです。「本当の自分を理解して欲しい」と考えすぎるあまり、相手のプロフィールを詮索しすぎたり、いきなり深い自己開示をしすぎたりして、嫌われないか確かめたくなるのです。

自己開示を急ぎ、相手のプロフィールをいきなり根掘り葉掘り聞くと、余裕がないと思われてしまいます。

深い話題は原則的に信頼関係ができてからです。この点に注意しましょう。

具体的には親密度に応じて、以下のような話題で進めていくといいでしょう。

コミュニケーション講座では生徒さんに暗記してもらうようにしています。

親密度1（会話のはじまりの3分程度の段階）

・**天気**……会話の王道。とりあえず話すことがなかったら天気の話題で話しましょう。
「今日は寒い（暑い）ですね～。」

「今日は気温が○度らしいですよ。」

「暖かくなってきましたね～。」

・**交通**……天気の話題に続いて使える話題です。久々にあった友人や初対面の人との挨拶代わりに使います。

「ここまでどれぐらいかかりましたか？」

「何線できましたか？」

「その駅知っています！　〇〇がある場所ですよね。」


初対面の人と自然に会話をはじめるには、「天気の話題」「交通の話題」が王道です。私自身、初対面の人とは天気の話題からはじめることが多いです。

天気の話題は本当に便利です。挨拶だけではちょっと物足りないですし、1分程度の日常的な会話をする機会にも最適です。挨拶をして、どこか緊張感がある関係だったらまずは天気の話題を使ってみましょう。

また、シチュエーションにもよりますが、交通の話も効果的です。天気の話題が終わったら交通の話題をお互い話すと、わりと自然な流れを作ることができます。

このようにして、最初の会話の土台を作っていくといいでしょう。

親密度2（まだお互いのことがよくわかっていない段階）

・**食べ物**……好きな食べ物、オススメの店、料理など
・**旅行**……好きな旅行先、観光名所の話題など
・**住所・出身**……住んでいるところ、名産、どんな街かなど

次に、食べ物と旅行、住所の話題あたりで様子を見ます。相手から振られることもよくあるでしょう。

特に食べ物の話題は、ハズレがありません。私自身、会話に困ったら食べ物の話をすることが多いです。

相手に紹介できる**オススメのお店を3つくらい考えておく**といいかもしれません。

例えば、

「川島さんはよく行くお店とかありますか？」

などと聞かれたときは、

「そうですね～。何でもよく食べるのでビュッフェが大好きです！　ホテルのが好きで思い切って5000円以上するところに行っています。自分へのご褒美ですね。寿司、お肉、デザートに囲まれて幸せです。実は先週も行ってしまって……胃が若干もたれ気味です（笑）。」

「そうですね～。食べ物ですとラーメンが好きですね。昔は都内に住んでいたので、よく食べに行っていました。特にとんこつ系のラーメンでシンプルなのが好きです。細麺で紅ショウガと煮卵が入っているともう最高です！」

と答えています。

旅行についても同じです。社会人としては**3つぐらい旅行の話を用意しておきましょう。**

例えば

「川島さんは旅行とか行かれるのですか？」

と聞かれたときは、

「旅行は出張が多いので国内はいろいろ行きました。特に多いのは関西で京都はもう30回ぐらい行っています。京都で特に好きなのは大河内山荘庭園です。嵐山にある庭園であまり知名度はないのですが、本当にステキな庭園です。毎回京都に行くたびに寄ってしまうぐらい大好きです。」

と答えています。

住所の話題もこの段階でよく使います。

しかし、ここで注意。以下の発言はＮＧです。

「どこにお住まいですか？」という問いに対して、

「〇〇です。知らないですよね。何にもないところなんですよ。」

「〇〇です。周りが畑ばかりで、特徴があまりないんですよね。」

などと答えてはいけません。

これらの発言は一見、謙遜しているようにも見えるのですが、**ネガティブな返しに対しては返答に困る**ものです。ディズニーランドでたとえると、この遊園地はあまりおもしろくないですよ！　おもしろいものは何もないですよ！　と言っているようなものです。

会話はお互いを楽しませようという意識を持つことが大切です。

自分が住んでいるところはどんな場所でも歴史を調べてみたり、ゆっくりと歩いてみれば特長が見つかるものです。**住んでいるところの話は最低1分ぐらいは話せるように準備をしておきましょう。**

親密度3（軽く人間関係の下地ができた段階）

・**四季**……お花見、ゴールデンウイーク、お盆休み、紅葉など
・**スポーツ**……好きなスポーツ、選手、観戦の思い出など
・**本**……お気に入りのジャンル、どこがおもしろいか、著者など
・**映画・テレビ**……好きなジャンル、最近見た映画、ドラマ、YouTubeなど
・**音楽**……どのアーティストのファンか、コンサートの思い出、ジャンルなど
・**軽いニュース**……政治に絡まないやや軽いニュース（流行語大賞、オリンピック開催、新幹線の開通の話題など）

・**ファッション**……美容院、化粧品、バッグや洋服など
・**健康**……ダイエット、健康食品、ヨガなど
・**ペット**……どんな犬を飼っているか、何歳か、どんな性格かなど

食べ物や旅行、住所・出身の話である程度和んできたら、日常的な会話の中間部分に入っていきます。**ここでひとつひとつ丁寧に楽しんでお話ができるかどうかで、その後の人間関係がうまく進めるかが変わってきます。**初対面から知り合いに移行する段階なので、会話のメイン部分と言ってもいいかもしれません。

話題としては硬くならない、スポーツや音楽、映画テレビの話題などがオススメです。日常的な会話ではそれぞれ20％ぐらいの確率で出てくるので、全ての項目に対して、ひとつぐらい話題を作っておくことが大事になります。

「川島さん何かスポーツしていましたか？」

という質問は初対面の人と話す場合、わりと多く出てくる質問です。このとき以下のように一問一答で済ませないようにしましょう。

「私は野球を9年やっていました。」

これだけでは物足りないですね。会話はまず弾みません。

「野球を9年やっていまして、ポジションはレフトをやっていました。男子校だったのでかなり厳しい部活で、顧問の先生が毎日グラサンかけて、怒鳴られっぱなしの毎日でした（笑）。金属バットを持ってサングラスで仁王立ちしているんですよ！　毎日そんな生活だったので大概のことにはびびらなくなりました（笑）。」

と、こんな形で話題を広げていきます。

ひとつの質問に対しては、その質問に答えるだけでなく、サービス精神を持って話題をつけ足すつもりで会話を展開していきましょう。

親密度4（かなり和んできた段階）

・**仕事**……どんな仕事をしているか、何年目か、どんなポジションか、どんなやりがいがあるかなど（男性の場合はある程度早めに出てきてもＯＫ）

・**友人関係**……どんな友達がいるか、出会いのきっかけなど

・**過去**……小さい頃はどんな子供だったたか、小学校はどこか、高校や大学ではどんなことに打ち込んでいたかなど

・**家族**……兄弟の数、家族がどんな仕事をしているか、どんな家庭だったかなど

初対面では親密度3ぐらいまでいければ充分ですが、相手がお話好きで自己開示をしたがる人の場合は、この先まで進んでしまっても構いません。

中盤の日常的な会話の話題が終わりに差しかかると、場も和んで自己開示がしやすい空気が出来上がっているでしょう。

そろそろ深い話題に入ってもいい時期です。このあたりからお互いのパーソナルな部分に関わる話題がＯＫになってきます。

男性であれば仕事の深い話もいいでしょう。どんなプロジェクトに関わっているか？　その仕事に就いたきっかけは何だったのか？　どんな思い出があるのか？　などを聞いて、自分自身の話もしていきましょう。

女性が注意すべきことは、男性と会話をするときです。女性同士の場合は仕事の話題はそこまで比重が大きくないと思いますが、男性はどうしても仕事の話をしたがる傾向にあります。

男性から、

「どんな仕事していますか？」

と聞かれたときに、

「事務職です。」

と言って終わってしまうパターンは避けましょう。

これでは、男性側は困ってしまいます。

もう少しサービスをして会話を膨らませる気持ちを持ちましょう。

「事務職をしていまして、会社は食品関係です。〇〇って知っていますか？　実はあれうちの会社が作っているんですよ。」

これぐらいは話しましょう。そうすると男性側は質問がしやすくなります。


女性だけでなく、男性側も注意が必要です。相手から職種を聞かれたとき、

「ＩＴ系です。」

だけではよくわかりません。

「職業はＩＴ系です。銀行でカードを使ってお金をおろしたりすることがあると思いますが、そのときのシステムを作っている、と言うとわかりやすいかもしれませんね！」

これぐらいの自己開示は心がけましょう。

講座では口をすっぱくして生徒さんにお伝えしていますが、**一問一答は厳禁**です。**相手の質問に＋αをして自己開示をするように心がけてください。**

仕事だけでなく、友人関係や家族関係の話も振られたときは、できる範囲で自己開示をしていくといいでしょう。

親密度5（信頼関係がかなりできてきた段階）

・**恋愛**……好きなタイプ、今までの恋愛暦、現在の恋愛の状況、既婚者は夫婦の関係など

・**悩みの相談**……心理的な悩みの相談、人間関係の悩み、深刻な健康の悩み、家族の悩みなど

・**将来の夢**……将来どんな仕事をしたいか、家族像、夢など

親密度4まで話せれば、お互いの仲はかなり良くなっていると思います。初対面で5までいくのは稀なので、**親密度5の話題は、3回ぐらい会った人と話す話題だと考えておくといい**かもしれません。

親密度5では恋愛の話が王道です。恋愛の話は未婚の男女にとって間違いのない話題です。好きなタイプや、合コンの話、出会いの話などをしてみましょう。きっと楽しく会話ができると思います。

悩みの相談もしやすい段階です。思い切って自分が今抱えている悩みを打ち明けてみるのもひとつの手です。仕事で悩んでいること、恋愛で悩んでいること、心の問題なども自然と話せる範囲で話してみましょう。

また信頼関係ができていると相手も自然とグチっぽくなり、仕事の悩みの相談などをしてくれるでしょう。このとき会話はお互い様ですから、相手の話をしっかり受け止めてあげるように配慮をしてみてください。

逆に**この3つの話題を初対面の人とすぐに出してしまう人は、少し注意が必要**です。「早く仲良くなりたい！　早く自己開示を進めたい！」とあせると、相手は自分の心のパーソナルスペースを侵害されたような気持ちになってしまいます。

皆さんが知り合いの家に行くときは、まずは玄関から挨拶をして入って、案内されながら廊下を渡ってリビングに行くでしょう。

いきなり深い話題から入るというのは、玄関で挨拶もなしに、ズカズカと個人の部屋まで走っていくようなものです。

話題は少しずつ深い部分に進んでいくのが大きなコツです。この点に気をつけましょう。

3 初対面は「話す5割」、「聞く5割」の意識で

最近書店に行くと、「聞き上手」関連の書籍がたくさん売られています。好意を持たれるには、「相手に話してもらうことが大事!」という趣旨の本です。極端な本ですと「9割聞こう」というような内容のものもあります。

講座にいらっしゃる生徒さんの中にはそういった本をたくさん読んで、質問してばかりの人がかなりいます。

でも、これは本当に一番やってはいけない会話のやり方です。**質問癖がある人は、今日からすぐにやめましょう!**

目安として、**1分間に1回以上質問をしてしまう人は気をつけてください。**

特に初対面の人と話すときに、聞いてばかりでいると、相手のことだけを自分が知っていて、相手は自分のことを知らない状態になるので、だんだんと不信感を持たれてしまいます。

コミュニケーションにおいて、こういった状況は健康的とは言えません。尋問と傾聴は違うので、気をつけてください。

自己開示をして自分と相手の情報を均等に

初対面の人となかなかうちとけられない人の特徴として、尋問ばかりして情報が偏る傾向があります。

例えば会話の相手に「どこに住んでいますか？」と質問したとします。これに対して相手が住んでいるところの話をしてくれたとしましょう。尋問癖がある人は、さらに「趣味は何ですか？」とすぐに別の質問に進んでしまうのです。

これはある意味でマナー違反です。

相手の名刺だけもらって、自分は相手に名刺を渡していないようなものです。相手が住んでいるところを教えてくれたら、自分が住んでいるところの話を積極的にしていきましょう。

自己開示は2つのパターンがあります。

①先に自己開示をして、相手に質問をするパターン
②相手に質問をしてから、自分の自己開示をするパターン

相手の警戒心が強そうな場合は、①をベースに話すといいでしょう。社交的な感じがする人の場合は、②のパターンでもいいです。

NGなのは、相手に質問しても自己開示せずに、別の話題をさらに質問するパターンです。

「○○さんお住まいはどちらですか？」

「私が住んでいるところは妙蓮寺です。今4年目ぐらいですよ。」

「妙蓮寺ですか～。前に一度行ったことがあります。東横線沿いですよね。落ち着いていて住みやすそうな雰囲気がありますね。お仕事はどんな仕事をしていますか？」


この会話では、「妙蓮寺ですか～」と、場所をしっかりと受け止めているのはいいですが、自分が住んでいるところを開示せずに別の話題のプロフィールを聞いてしまっています。


そこで、次のような形で会話を展開するようにしてください。

「妙蓮寺ですか～。前に一度行ったことがあります。東横線沿いですよね。落ち着いていて住みやすそうな雰囲気がありますね。

ちなみに私は豊島区の目白という場所に住んでいます。近くに学習院大学があるので、学生が多いのと、喫茶店に行くとわりといいとこの奥サマがママ会とか開いていることが多いですよ。私は一般庶民ですが(笑)。ちなみに○○さんお仕事はどんな仕事をしていますか?」

このように、**自己開示を交えながらお話しする習慣をつけましょう。**

もちろんこれは極端な例で、本来の会話ではもう少しランダムに、自己開示は進んでいきます。

自己開示をしながら話を進める

4 相手の仕事はどんなときも原則「全肯定」

先ほど、親密度4の段階で仕事の話をするといいとお伝えしました。

仕事の話題は男性の場合95％出てきますし、最近は女性の社会進出も盛んになっていますので、女性同士でも出てくることが多いでしょう。

そのため仕事の話を楽しくできるかどうかは、初対面の人と話すときにかなり大事な要素となります。

仕事は人生の半分を費やしている時間になります。ある意味で仕事は人生そのもの、その人そのものと言っても過言ではないでしょう。そのため**仕事の話をするときは、その人そのものを扱うような気持ちで、敬意を払って話さなくてはなりません。**

よくある失敗が、こんな会話です。

「○○さん、どんなお仕事をされていますか？」
「私は今、ＩＴ系でプログラミングの仕事をしていますよ。」
「そうなんですか〜。残業とか多いと聞きますし、大変そうですね。」

もし皆さんが、自分の仕事を「大変そう！」と言われたら、どんな気持ちになるでしょうか。心からうれしいと感じる人はあまりいないでしょう。ちょっとさびしい気持ちになる人が多いのではないでしょうか。

それなのに、どういうわけか、この「大変そう！」というフレーズをかなりの頻度で聞きます。

先ほどお伝えした通り、仕事＝本人そのものなのです。**人生をかけて取り組んでいる仕事を「大変そう」で片づけてしまうのはどこか配慮が欠けている**と言えます。

仮に本当にＩＴ系企業の残業が他業種に比べて多い傾向があったとしても、そこで働いている人が、実際に大変な思いをしていると勝手に決めつけてしまっていいのでしょうか？

もしかしたら、高い目標を持って、残業もいとわず夢に向かって充実した生活をされているのかもしれません。

相手が自分から語ってくれたとしたらまだしも、まだ何も言っていないのに、仕事のイメージをマイナスに捉えて発言してしまったら、「私はあなたの仕事に対してネガティブなイメージを持っています」と暗に主張していることになってしまうのです。

誰だって、自分の仕事に対してネガティブなイメージを持っている人よりも、プラスのイメージを持っている人と付き合いたいと思うものです。

初対面でうちとけやすい人は、まず間違いなく、相手の仕事を肯定的に返す姿勢を持っています。

例えばこんな会話があったとします。

自分「〇〇さん、どんなお仕事をされていますか?」
相手「私は今、ＩＴ系でプログラミングの仕事をしていますよ。」

このとき以下のように返すといいでしょう。

〇返し方例①
「そうなんですか～。ＩＴだとどこの会社でも必要とされていますし、プログラミングのスキルは重宝されそうですね。」

〇返し方例②
「ＩＴ系ですか！　実は私プログラミングに興味があるんです。というのも今後、

ＩＴ系の方とお話しする機会がかなりありそうなので、話についていけるようになりたいんですね。いろいろ教えてもらってもいいですか？」

○返し方例③

「プログラミングをされているのですね。今の社会はプログラマーの方なくして成り立たない世の中ですから、すばらしい仕事をされていますね。」

先ほどの例と比べてどうでしょうか？「残業多そうで、大変そうですね」と返されるより、肯定的に返されたほうがうれしいと思います。**仕事の話は原則全肯定**です。

これは意識しておきましょう。

もちろん結果的に相手が謙遜して、

「いや〜……確かに会社では必要なんでしょうけど、実際は残業が多くて大変なんですよ。」

と返してくるかもしれません。

これは構いません。

あくまであなたが、**相手の仕事＝その人そのものを肯定的に捉えているということが伝われば充分**です。そういった姿勢が、相手の気持ちをほぐすことにつながるのです。

ちなみに社会人としては最低でも10以上の職種や業界については、ある程度さらっと肯定できるようにしておくことをオススメします。思った以上に効果がありますので、どんな風に返すのか準備をしておきましょう。

答えの例をいくつか載せておきますが、皆さんなりにぜひ肯定的な発言を考えてみてください。

○ 回答例

「営業をされているのですね！　どうりで○○さんとはお話がしやすいと思いまし

た。営業をされている方は人間的に魅力ありますよね。」

「販売をされているのですね！　販売の仕事はたくさんの方と接することができるので、幅が広がりそうですね。」

「事務をされているのですね！　事務はどんな会社でもなくてはならない仕事ですからね！　縁の下の力持ちという印象があります。私は○○（例えば）営業なのですが、事務の方にいつも助けられています。」

「経理をされているのですね！　経理の方は数字に強く、頭の回転が速いイメージがあります。数字に強い方って尊敬しますよ。」

5 本音と建前の使い分け

「相手の仕事については原則全肯定しましょう」と伝えしました。

これは、普段私が講義の中でも伝えていることです。しかし、これを言うと、決まって以下のような意見を頂きます。

「先生、言っていることはわかるのですが、どうしても相手の仕事の嫌な面を感じ取ってしまうのです。そういった気持ちがあるのに、相手のことを肯定するのはなんだか嘘をついているようで、良くない気がします。」

おっしゃることは本当によくわかります。

人間は聖人君主でもないわけですから、マイナスの感情を持つのは当たり前です。

　また、マイナスの気持ち自体も大事な感情なので、無理にそれに嘘をついてしまうのも良くないでしょう。

　ただ、私はこういった質問を受けたときに、

「本当に全部マイナスの感情だけですか？　もしそうだとしたら、確かに嘘になってしまいますね。でも、もしプラスの感情のかけらがあるなら、それを積極的に言うことは嘘にならないのではないでしょうか？」

と答えています。**人間の感情はとても複雑で、プラスだけ、マイナスだけになることはまずありません。**

　例えば、皆さんは「鳥取」という県名を聞いたときに、どんなイメージがわくでしょうか（鳥取は私の出身地です）。

　悲しいことに皆さんは鳥取と聞くと、

・島根との差がわからない
・鳥取なのか取鳥なのかわからない
・人口が少ない

といったマイナスの評価をされることが多いです（笑）。

実際、私の生徒さんに聞いても、マイナスのイメージで埋め尽くされます。しかし、私が「もうちょっと考えてみてください！」と顔を真っ赤にして伝えると、皆さんどうにかプラスのイメージも挙げてくれます。

例えば以下のようなイメージです。

・鳥取砂丘が有名
・梨の名産
・ゆったりしている

このように、人間の感情は複雑ですから、一見マイナスのイメージしかないものでも、よく考えればプラスの側面も認識する心を持っているのです。

真面目な人は、このマイナスの気持ちを持っている以上、肯定的なことを言うのは、嘘をついていると考えてしまいます。プラスのことだけを言うのはどこかうそ臭いというか、表面的だと考えてしまい、発言そのものができないのです。

しかし、プラスの面を持っているのは事実なのです。

もしプラスのかけらがあるのであれば、マイナスの面を言わずに、プラスの面だけを言うことが「嘘」になるでしょうか？

私は嘘にはならないと思います。

マイナスの面を言わないのは気遣いであって、嘘ではないのです。もちろん、かけらもないくせに、プラスのことを言うのは嘘でしょう。私もまったく肯定できない場合は無理に言いません。

ですから、肯定するのが苦手な人、どこか人を褒めるのが苦手な人は、まずはかけら集めからはじめてください。そしてかけらを少しでいいから会話の相手に伝えてみましょう。

マイナスのイメージは頭の中にあっていいのです。あなたはそれを選択して出すか出さないかの気遣いをするのです。

もし相手が「鳥取出身です」と答えてくれたら、

「鳥取ですか！　砂丘や梨が有名ですよね。ゆったりしたイメージがあるので興味があります！」

と答えましょう。

6 初対面で大事なのはやはり自然な笑顔

会話をする上では、やはり自然な笑顔がとても大事です。統計的に**笑顔が少ないと好感を持たれない**ことがはっきりしています。皆さんも初対面の相手がムスっとしていたら、相手に対していい印象を持たないですよね。

初対面力を高めるにはやはり笑顔の練習は必要です。

しかし、「自然な笑顔」は意外と難しい。というのも、初対面では警戒心や不安がどうしてもつきまとうからです。

特に直感的に「苦手だな～」と思うタイプと話すときはなおさらです。異性で自分のタイプなら自然と顔がにやけてきてしまうかもしれませんが……。

さて笑顔が苦手なら、とりあえず以下の項目を守って練習してみてください。何度か繰り返していると、多少緊張していても自然な笑顔が作れるようになります。

○自然な笑顔の特徴

・口角が上がっている
・歯が８本以上見えている
・目が細くなっている

鏡を用意してニコッと笑ってみましょう。

そのとき**歯が8本以上見えている**でしょうか？　下の歯は見えなくても構いません。あくまで口角が上がって上の歯が見えるように意識してみてください。

次に目がいつもよりも細くなっているかをチェックしてみましょう。

図で示すように、目がいつもの大きさで、口だけ笑っていると作り笑いに見えてしまいますので注意が必要です。

笑顔が苦手な人は人間関係で損することが多いので、８本以上見える笑顔が抵抗なくできるようになるまで、自宅の鏡を使って何度も練習しましょう。

私も笑顔が苦手でした。コミュニケーションの中で一番苦労したと言っても過言ではありません。歯を見せて話すだけで恥ずかしく、口をいつもつぐみながらボソボソ話す癖がついていました。表情が暗く、攻撃的で、「なんだか睨《にら》んでいるようだ」と言われたこともあります。

そのような状況からのスタートでしたので、人一

口だけ笑っていると不気味

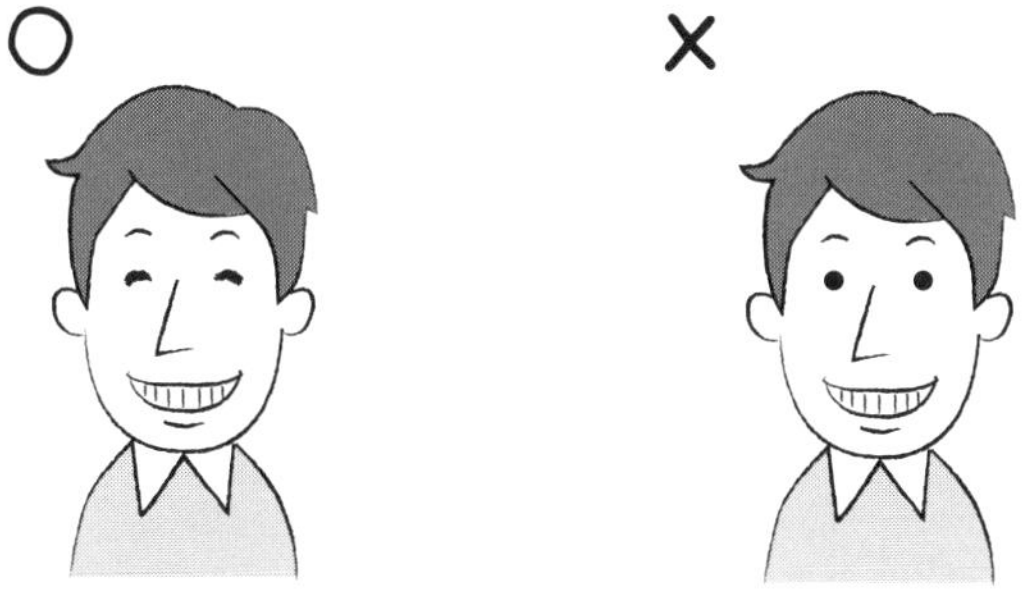

倍苦労したと思います。

ですが1カ月ぐらい毎日練習すると、だんだんと慣れてきました。最終的には笑顔になることに疲れなくなりました。

周りの反応も良くなってきて、「川島さんなんだか明るくなったね」と言われたときは、本当にうれしかったです。

7 心から笑顔になるには

次に大事なことは、**「できる限りの心からの笑顔」**です。筋肉から先に笑顔になるのではなく、「できる限り心が笑顔になる」のです。

先ほどお伝えしたとおり、初対面は緊張するのが当たり前なので、「楽しんで心から笑顔になって！」というのは現実問題かなり難しいのです。

「ご飯を食べていないのに、お腹いっぱいのフリをして！」と言われても、「無茶言うなよっ！」と思ってしまいますよね。ですから、100％不安をなくして心から楽しんで笑顔になる、なんてことは考えなくてもいいのです。

だからといって、心から笑顔にならなくていい、というのもちょっと極端ですね。

そこで緊張しつつも、「できる限り」心から笑顔を目指すぐらいの気持ちで、初対面に臨むといいでしょう。

そのために以下の２つの提案をさせて頂きます。

パッと見でステキなところをひとつ見つける

笑顔は極端な話、相手への好意がなければ、嘘になってしまいます。相手のことが嫌いでは、心からの笑顔になれるわけがありません。

そこで相手へ好意を持つために、相手の中からステキな価値を見つける練習が必要です。

そこでやって欲しいのが、**街ですれ違う人のいいところを見つけていく**訓練です。

ぱっとすれ違う人のどこかステキな部分を、一瞬で見つけるのです。かわいい女性、イケメンなら簡単ですね。ただ普段はあまり意識しないような人でも、よく探せばパッと見でステキな部分は見つかるものです。

例えば笑い皺があるとか、謙虚でやさしそうだとか、筋肉があってスポーツ得意そうだとかです。

自分の中で相手のいい面を見つける訓練ができてくると、初対面でマイナスの気持ちとプラスの気持ちが同居するようになってきます。このとき、プラスの気持ちと笑顔をリンクさせるように意識すると、作られた笑顔ではなく、自分の中で芽生えた自然な笑顔になってくれます。

「相手に好かれるための笑顔」は不自然になりやすいですが、「自分の中で見つけた相手への好意の笑顔」は自然です。

ぜひ、後者を目指して心からの笑顔を目指しましょう。

笑顔は全体の20%程度で

笑顔の練習をすると、副作用として「過剰なスマイル」になってしまう人がいます。過剰なスマイルとは、会話中でいつもニコニコしていて、楽しくないときも、緊張しているときも、満面の笑みになってしまっている状態です。

笑顔が多い人は確かに相手から好意を持たれるのですが、どんなときも笑顔というのは逆に不気味に思われてしまいます。

何度も繰り返してしまいますが、人間は複雑な感情を持っている生き物です。楽しいときもあれば悲しいときもある。つらいときもあれば、緊張しているときもあるのが自然なのです。

そのため、どんなときも笑顔であるというのは、基本的な人間の感情がないような印象を相手に与えてしまいます。どこか機械的な笑顔で不自然に思われてしまうのです。

心理学には、**ダブルバインド**という言葉があります。

ダブルバインドとは、表情や声の抑揚と言葉の内容が一致していない状態を意味します。

例えば、「今日の飲み会は楽しいな」という言葉を笑顔でつぶやいたとしましょう。このとき、顔の笑顔と言葉の「楽しい」が一致していれば自然な笑顔と見られます。しかし、声の抑揚が「どこか暗そう」「テンションが低い感じ」だったらどうでしょうか？　何か変だな。不自然だなという印象を相手に与えてしまうのです。

「表情＝声の抑揚＝言葉の内容」が一致していないと、相手は不自然だと感じ、あなたと話しているときに居心地の悪さを感じてしまいます。

笑顔だと印象がいいと見られますが、過剰な笑顔になってしまうと、ダブルバインドになり、違和感を持たれてしまうので注意しましょう。

もちろん、「今日は調子がいいぞ！」「勝手に笑顔になってしまう！」というときは、放っておいても、「表情＝声＝言葉」が一致します。

しかし、人間ですから疲れている日や、悲しい日、会話をあまりしたくない日はあります。そんなときはせいぜい20％程度の笑顔で大丈夫です。

ぼちぼち笑顔があれば、印象はそこまで悪く見られるものではありません。肩の力を抜いて会話を楽しみましょう。

第3章

あなたの会話はどのタイプ？

1

あなたは何型？　会話のタイプ診断

会話をしていると、この人とは会話が弾むなとか、この人とはどこかかみ合わないな、と感じることがあると思います。

「会話が弾む・弾まない」を決定しているのが、本章でお伝えする「会話のタイプ」です。

この会話のタイプを理解しておくと、「なぜ会話が弾まないのかという原因」と「会話を弾ませるための対策」がわかります。

まずは、「会話のタイプ」を解説する前に、前提として押さえて頂きたいことがあります。

それは、会話は「聞く」か「話す」かの2通りしかないという点です。

皆さんの会話を思い出してみましょう。

相手が話しているとき、当然、あなたは聞き手になっていますね。逆に誰かが質問をしてくれたら、あなたは話し手になっていると思います。

どちらも話している、どちらも聞いている、というのは物理的にありえません。

それを踏まえた上で、「聞く」「話す」という視点に立つと、コミュニケーションのタイプは以下の４つに分類されます。

万能タイプ／発話タイプ／傾聴タイプ／閉鎖タイプ

詳しい解説の前に、皆さんがどのタイプに当てはまるか？　まずは以下の設問に解答して診断してみましょう。

		ほとんど当てはまらない	あまり当てはまらない	やや当てはまる	かなり当てはまる
1	人の話を聞くことが多い	1	2	3	4
2	話を聞くのは好きだ	1	2	3	4
3	自分から積極的に質問することが多い	1	2	3	4
4	相手の話にはコメントをしっかり返すことができる	1	2	3	4
5	相手の発言を肯定的に返すことができる	1	2	3	4
6	自分の話をすることが多い	1	2	3	4
7	話をすることが好きだ	1	2	3	4
8	質問に対して、20秒以上話す	1	2	3	4
9	質問を受けずに自分から話をすることがある	1	2	3	4
10	相手があまり話さないタイプでも会話が続く	1	2	3	4

普段の会話の傾向を振り返り、最も当てはまる番号に1つだけ丸をしてください。

○万能タイプ
1〜5の合計が15点以上　6〜10が15点以上

○発話タイプ
1〜5の合計が15点未満　6〜10が15点以上

○傾聴タイプ
1〜5の合計が15点以上　6〜10が15点未満

○閉鎖タイプ
1〜5の合計が15点未満　6〜10が15点未満

いかがでしたでしょうか？

日本人で多いのが、傾聴タイプもしくは、閉鎖タイプです。私は7割の人がこの2つに当てはまると考えています。本書を手に取った方も、この2つに当てはまる人が多いのではないでしょうか。

厳密にはもう少し細かく診断すべきなのですが、話をわかりやすくするために、かなりざっくりと分類させて頂きました。

以下それぞれのタイプについて詳しく解説させて頂きます。

万能タイプ　全てのタイプに柔軟に対応できる

万能タイプという結果が出た人。あなたは相手のタイプに合わせて会話をすることができます。

相手が話すタイプの場合は、傾聴することで相手になるべく話してもらうように配慮することができますし、逆にあまり話さない人と会話をするときには、自分自身が会話の量を増やすことで会話を継続させることができます。

つまり、どんな人とでも会話を続けることができます。

発話タイプ　話をするのは得意でも聞くのは苦手

相手が傾聴タイプのとき、すなわち自分の話を聞いてくれるタイプの人とはとても相性がいいです。相手も自分の話を楽しんでくれますし、あなたがたくさん話しても相手が苦痛に思うことは少ないからです。

しかし、相手が同じく発話タイプの場合は、会話がぎこちなくなることが多くなります。というのも、会話においてはどちらも同時に話すというわけにはいかず、どちらか一方が聞き手に回る必要があるからです。

相手が受身の人とは相性がいいですが、積極的に話すのが大好きな人とは相性が悪いと言えます。

傾聴タイプ　聞くのは得意で話すのは苦手

相手が話をしたい場合にとても好感を持たれます。

日本人では一番多いタイプと言えます。奥ゆかしい面があり、やさしいと思われる人が多いでしょう。しかし、相手が同じく傾聴タイプの場合は、会話が弾みにくくなる傾向があります。

【会話＝自分が話している時間＋相手が話している時間】ですから、相手も自分も話すのが苦手だと、会話が短時間で途切れてしまいます。

また、お互いに質問が多くなり、尋問合戦のような会話になりやすいです。

閉鎖タイプ　会話自体が全般的に苦手

会話が全般的に苦手で、特に傾聴タイプと相性が悪いです。

自分が話したくもないのに、たくさん聞かれてもそんなに話すことはないという感情が芽生えて、会話が嫌になってきてしまいます。

発話タイプとは、ある程度相性がいいですが、リアクションが苦手なので、話好きの人から見ても少し物足りないと思われてしまうかもしれません。

あなたは何タイプ？

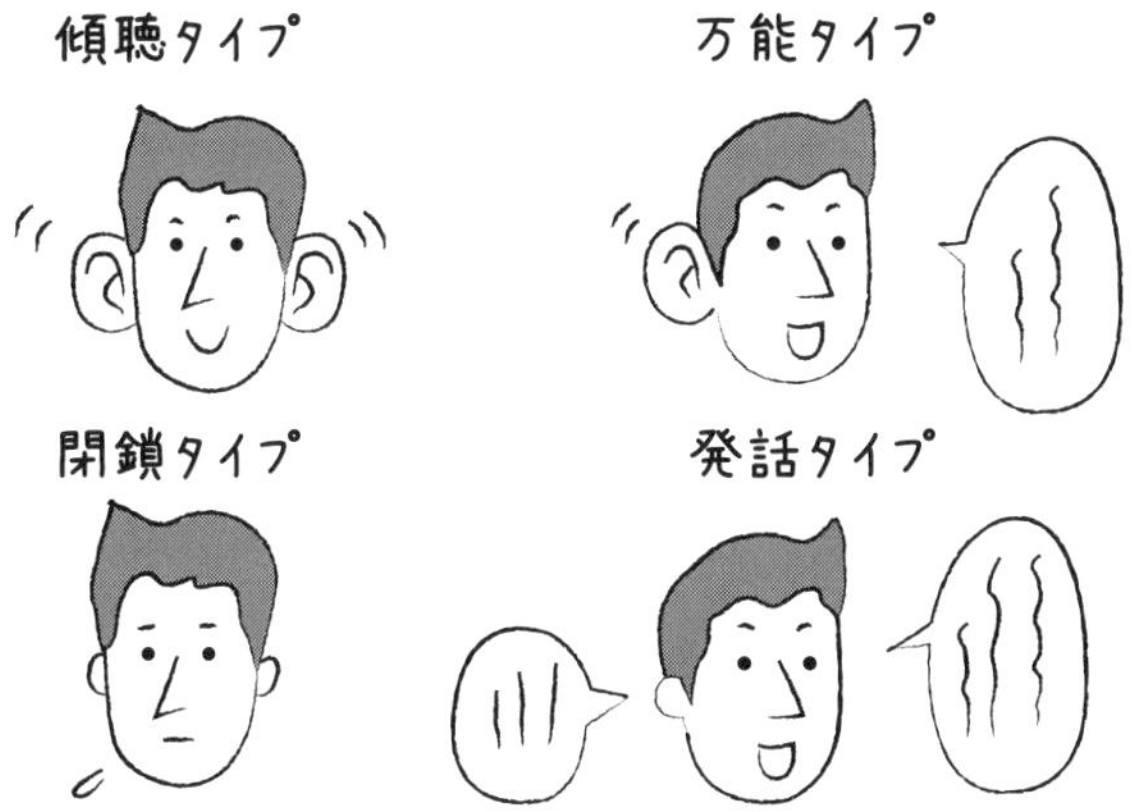

2

自分のタイプの長所と対策を考えよう

自分のタイプと相手のタイプがわかると、会話の中でよくある失敗のパターンをあらかじめ想定できるようになるため、応用力が上がってきます。

会話が苦手な人は、会話の基本原理をよくわかっていないために、パニックになってしまうのです。「何が問題なのか、原因がわからない」状態では対処のしようがありません。

そこでタイプ別のパターンを学び、あらかじめどのような問題が起こりやすいのか、またどのような対処をするといいのかをぜひ押さえておきましょう。

万能タイプ×万能タイプ　相性度：100％

○予想される会話の展開

どちらもほど良く、話す側、傾聴側に回ることができます。かつ相手の話をお互い肯定して、オウム返しがしっかりできるので、とても会話が弾みやすい。自己開示もほど良く行うので、すぐにうちとけることができます。

○対処法

特に対処は必要ありません！　このまま会話を楽しみましょう。

万能タイプ×発話タイプ　相性度：85％

○予想される会話の展開

万能タイプが聞き手に回り、発話タイプが楽しく話す展開になるでしょう。会話自体は継続的に問題なく進んでいきます。しかし万能タイプからすると、自分が話す能力があるにもかかわらず聞き手に回る時間が多いため、少し不満が残ることもあります。

○対処法

自分自身が万能タイプの場合は、やや強引ですが、発話タイプから会話の主導権を奪うことも必要になるかもしれません。会話はお互い様です。もしあなたが聞くだけでなく話したいと感じる場合は、相手の質問を待たずに自分の話をしてみましょう。

もしあなたが発話タイプなら、言わずもがな「話したい」という衝動をどこかで抑えて、相手に質問をしてみましょう。たまには相手を立てて話す意識が必要になります。

万能タイプ×傾聴タイプ　相性度：85％

○予想される会話の展開

傾聴タイプが質問をして、万能タイプが楽しく答えていくパターンが続くと予想されます。会話自体はとても楽しく展開していきますが、万能タイプからすると、傾聴タイプが自分の話をしてくれない分、少し不満が残ることもあります。

○対処法

会話自体は問題なく進んでいきますが、自己開示の量が傾聴タイプは少なくなる傾向にあります。傾聴タイプはできる範囲で自分の話をするように心がけましょう。

もしあなたが万能タイプならば、傾聴タイプに適度に質問を投げかけ、その都度、肯定するようにします。するとだんだんと安心してきて自己開示をしてくれることが期待されます。しかし深追いは禁物です。

万能タイプ×閉鎖タイプ　相性度：40％

○予想される会話の展開

万能タイプが終始会話をリードすることが多いです。万能タイプが基本的に話し手になり、自分の話をする時間が増えるでしょう。会話が途切れることはありません。しかし、万能タイプの自己開示は進みますが、閉鎖タイプの自己開示がないため、いびつな人間関係になりやすくなります。

○対処法

自身が万能タイプの場合、閉鎖タイプの心をゆっくりほぐすつもりで接するといいでしょう。長い時間がかかる覚悟が必要です。自分が閉鎖タイプの場合、万能タイプに頼りがちになります。相手に頼ると楽ですが、自分自身のスキルは向上しません。できる範囲で自分の話をして、相手の発言にリアクションする習慣をつけましょう。

発話タイプ×発話タイプ　相性度：50％

○予想される会話の展開

一見、会話が続いているように見えますが、相手の話に対するフィードバックが少ないので、空中分解しているような感じになります。お互い「私の話を聞いて！」という心理状況になり、会話が終わった後にどこかスッキリしない感覚が残るでしょう。ライバルの男性同士や高齢者同士の会話がこのような展開になることが多いです。

○対処法

一言で言えば、お互いが聞く耳を持つことが大事になります。相手の話を肯定して、オウム返しをしてみるといった基本的な傾聴スキルを試してみましょう。

特にいつも8割以上、自分が話し手になってしまう人は要注意です。話すスキルは本当に大事ですが、少し自制する気持ちも育てていきましょう。

発話タイプ×傾聴タイプ　相性度：90％

○予想される会話の展開

とてもシンプルな形で、傾聴タイプが相手の話に対してリアクションをたくさんして、発話タイプが一方的に話す展開になることが多いです。お互いの役割がはっきりとしているため、満足度が非常に高くなります。

ある意味、万能タイプと発話タイプ、万能タイプと傾聴タイプよりも相性がいいと言えます。

ただ、注意点として、親しい人との関係がこの相性で固定化されてしまうと、いつまでも自分の弱点が改善しないというデメリットがあります。

例えば、傾聴タイプはこの関係を継続していると、いつまでも自分の話す力が向上しません（次項で説明します）。

○対処法

お互い楽しんで会話ができると思います。しかし、長期的な関係になった場合、例えば家族や恋人と役割が固定してしまうと、柔軟性を欠いたコミュニケーションスキルが身についてしまいます。

傾聴タイプはたまには自分の話をしてみる、話し好きの人はたまには相手の話を聞いてみるという努力が必要になります。

発話タイプ×閉鎖タイプ　相性度：60％

○予想される会話の展開

ある意味で、安定します。話好きの人は、会話の時間のほとんどを自分が主導権を握って話すことができるので、傾聴タイプほどではありませんが気持ち良くお話しすることができるでしょう。相手が話好きな人よりも自分の時間をぜいたくに使うことができます。

閉鎖タイプも、とりあえず傾聴タイプのように根掘り葉掘り聞かれることないので、安心した関係を築くことができるでしょう。

◯対処法

ある意味で安定しているので、あなたが発話タイプの場合は、このままでもいいかもしれません。ただ、たまには質問をしてあげないと相手の閉鎖癖は治りません。大事なことは、たまに質問をして、相手が短文でも返してくれたら、しっかりと受け止めて肯定することです。肯定すればだんだんと相手は安心して、話す量を増やしてくれる可能性が高まります。

またもしあなたが閉鎖タイプの場合、とりあえず話してくれる相手に対しては安心感を持つでしょう。しかし、このままの関係を続けていると、おそらくあなたのコミュニケーション能力は向上しません。まずは傾聴の練習からでいいので、話好きの人が息継ぎしたときなどに、相手の発言に対してコメントをするように心がけましょう。

傾聴タイプ×傾聴タイプ　相性度：30％

○予想される会話の展開

お互いが質問し合い、尋問合戦になり、ついに会話が途切れることが多いです。非常に消耗する会話になりがちです。お互いがお互いを立てる関係はバランスを欠いてしまいます。会話が失敗しやすい典型的なパターンと言えます。

○対処法

お互いが傾聴タイプの場合は、相手を変えることができないため、頑張って話す量を増やしていかざるを得ません。

具体的には第4章で詳しく解説しますが、**相手から質問を受けたら短文で返さず、ある程度長く話す配慮が必要になります。**

傾聴タイプ×閉鎖タイプ　相性度：20％

○予想される会話の展開

傾聴タイプから質問をして、閉鎖タイプが短文で答え、傾聴タイプがリアクションして再び質問をするというスタイルになりがちです。

傾聴タイプは「何か話してくれよ！」という気分になります。逆に閉鎖タイプからすると「質問が多い！　根掘り葉掘り聞かないで」という気分になります。

お互い不満を持ちやすく、会話が途切れやすくなるでしょう。

○対処法

あなたが傾聴タイプの場合は、閉鎖タイプに質問するのは基本的にやめましょう。質問したとしても、短文でしか返ってこないことを覚悟してください。

そこで、苦手会話を鍛えるための練習だと考え、自分の話をゆっくりしてみましょう。おもしろくなくても構いません。**自分の話をする機会だととらえるのです。**

またあなたが閉鎖タイプの場合、質問に対して、たくさん話すのは現実的に難しいはずです。しかし、少し努力して、いつの1・5倍ぐらいは話すことを心がけましょう。

閉鎖タイプ×閉鎖タイプ　相性度：10％

○予想される会話の展開

お互いは無口で質問もないため、すぐに会話が終わってしまい、気まずい状態が続いてしまいます。

固定された関係にある職場や家庭であれば、あなたの長所は会話以外の行動から相手に伝えることができます。しかし普段の自分を見せることができない環境に居る場合は、あなたの良さを相手に伝えることができず、おそらく発展的な人間関係にはつながらないでしょう。

お互い短文のような発言をボツボツして、会話が終わってしまうパターンが多くなる傾向があります。

○ 対処法

お互い会話が苦手なので、ある意味でお互いの気持ちがわかる部分もあると思います。そのため、少しずつお互いの話す量を増やしたり、相手の話を聞いたりする努力が必要になります。お互いのスキルがゼロの状態なので、相手に振り回されることなく、一緒に会話力をつけていくチャンスだとも言えます。

このように、コミュニケーションのスタイルを4つに分類すると、おおよその会話の展開と対処法が考えられるようになります。

3 家族や友人がよく話す人は要注意

「傾聴タイプ」なのか「発話タイプ」なのかは、親しい人によって決まってきてしまうことがあります。

以前相談に来た26歳の女性遠藤さんは、相手の発言に対していつも短文になってしまうという悩みを抱えていました。こういった悩みの相談を受けるとき、私は5つの原因を考えていきます。

①気質的な問題

遺伝的な問題として、会話が苦手かどうか？　コミュニケーションに関する障害がないか？

②家族・恋人・友人関係

家族の性格や、家庭でのコミュニケーションの傾向、友人との会話のパターンに問題はないか？

③心理的な問題

思考の歪みがないか？　コミュニケーションについてどのような考え方を持っているか？

④スキルの問題

会話の技術的なやり方をわかっているか？

⑤環境の問題

職場の環境などで会話をする絶対的な時間が不足していないか？

お話を聞いてみると、「①遺伝の問題」と「③心理的な問題」は当てはまりませんでした。遠藤さんは気質的にアスペルガー障害や自閉症の傾向は見られませんでした。心理的には明るく健康で、人と接するときの不安が強いわけでもありません。性格は少しおとなしかったですが、自然な笑顔もありますし、健康的なレベルだったのです。

お話を聞いていくと、問題があったのが次の３つでした。

②家族・恋人・友人関係
③スキルの問題
⑤環境の問題

「③スキルの問題」については、会話のやり方を丁寧にお伝えして練習すればある程度のところまで改善できます（第４章で詳しく説明します）。

また「⑤環境の問題」については長時間、ＰＣに向かう生活をされていたので、これを改善するような対策を立てることになりました。

最後に残った問題は「②家族関係・友人関係」でした。

実は遠藤さんの家族は皆、おしゃべりだったのです。

両親も兄弟も「自分が自分が」というタイプだったので、高校時代も大学時代も、遠藤さんは「よく話す人」と無意識に付き合うようにしていたようです。

家庭の雰囲気自体はとても良く、愛されて育ったという実感はあるので心理的な問題はありません。しかし、**家族や友人が話すタイプばかりなので、遠藤さんの話す時間が限られてしまい、技術的に成熟する機会を失っていたのです。**

例えば1日のうち家族4人で1時間、友人4人で1時間会話をする時間があったとします。

このときバランスのいい人間関係なら、30分は遠藤さんが話す時間を得ることができます（家族と15分・友人と15分）。1日30分ですが、これは本当に大きな時間です。

1日30分自分の話をしたとすると、1年で0・5時間×365日＝182時間です。仮に言語能力の獲得がはじまる2歳からほとんど話さない状態が続いたとすると、24年間×182時間＝4、380時間ぐらい、自分が話す時間を失っていることになるのです。

遠藤さんは「一見」さまざまな人とコミュニケーションをしているように見えても、**いつも「よく話す人」に依存して、相槌だけ打つ習慣をつけてしまったがゆえに、自分自身が話す力を得ることができなかった**のです。

そこで遠藤さんには、おとなしくて口下手な人とも積極的に付き合うようにアドバイスをさせて頂きました。

周りがよく話す人が多い場合は、その人に感謝をしつつも、ときには役割を交代して自分の話をする時間を増やしましょう。それがコミュニケーション能力を向上させるきっかけになります。

第4章

会話が弾む絶対法則

1 30秒ルールを習慣にすれば会話は続く

会話のミスで本当に多いのが、相手の発言に短文で返してしまうことです。

まずは以下の例を見てみましょう。

稲垣「川島さんのお住まいはどこですか?」
川島「神奈川の川崎ですよ。稲垣さんは?」
稲垣「私は溝ノ口です。どれぐらい住んでいるんですか?」
川島「3年です。稲垣さんは何年住んでいますか?」
稲垣「私は2年ですよ。川崎はどんな町ですか?」

上記の会話例は極端ですが、質問が多くなってしまいます。30秒の会話で合計5回も質問が出てきています。

これを私は**「刑事の取調べ質問」**と呼んでいます。うちとけられない会話の典型例です。質問癖は会話が盛り上がらないベスト3に挙げてもいいくらいです。

特にお互いがおとなしく、相手の話を聞くのが好きなタイプ同士だと上記のような会話になることが多いのです。一問一答になってしまい、お互い刑事の取調べのようになってしまいます。

傾聴＝「質問をたくさんする」というのは完全な誤りです！　この点は口をすっぱくして強調しておきます。

皆さんは自分の会話を見直したとき、質問をどれぐらいしているでしょうか？

理想は2分に一度程度の質問です。うまくいっている会話ほど、質問の数は少ないものです。**うちとけやすい会話は「質問が少ない会話」＞「質問が多い会話」**なのです。この点はしっかり覚えておきましょう。

このようなパターンになってしまったときの改善のポイントをお伝えします。
コツは**質問をする前の発話の量を増やす**ことです。質問をすぐにするのではなく、その前に何か話してみるのです。目安としては質問をする前に30秒話してみましょう。

稲垣「川島さんのお住まいはどこですか?」
川島「神奈川の川崎ですよ。住んで3年になります。実は私木造の家が好きで、ずっと探していまして、やっと見つけた物件なんです。やはり木造は私に合っているみたいで、引っ越してからとても快適ですよ。稲垣さんはどちらにお住まいなんですか?」

という感じです。質問にそのまま答えるだけでなく、情報をプラスしてお話ししていくのです。

2 「て」「で」を使うと話す量が増える

「30秒話すのが難しいんだよな〜」と感じた人にオススメの、一番シンプルなやり方をお伝えします。

それは短文で終わりにせず、「て」「で」とつぶやくことです。「た」「です」で終わらず、「て」「で」に変えるのです。

例えば会話の相手から、

「○○さんは趣味とかありますか？」

と質問をされたとします。

このとき、傾聴タイプや閉鎖タイプは、

「趣味は野球を9年やっていました。」

と一問一答になってしまいます。

しかし、これではとてもじゃないけど会話が弾みません。そこで以下のように語尾に「て」を加えてみましょう。

「趣味は野球を9年やっていまして、」

「た」で終わると、そこで会話が終了してしまいますが、「て」「で」にすると、まだ会話を続けざるを得ないので、人間の心理としてもう少し話さなきゃ、という状態になるのです。

短文で終わる癖がついている人は、語尾を「て」「で」にする癖をつけてください。そして「て」をつけた後、もうちょっと頑張って以下のように会話を続けてみましょう。

「私は野球を9年やっていまして、打順は5番でした。」

「私は野球を9年やっていまして、打順は5番で、そこそこ打てるほうでした。」

とりあえず話す量は2倍になりました。短文ですぐに話が終わってしまう人は、最低限「て」「で」を使えば一問一答は避けることができます。

人間の心理として発話を区切ってしまうと、そこでお話終了モードになってしまいます。終了モードでは、次の発言があまり出てこないのです。

そこで「て」「で」を使うことで、「まだ終わりでないですよ！」と脳に指令を出しましょう。脳に意識してもらうことで会話は膨らみやすくなります。

3 「そんでもって」とつぶやこう

「て」「で」は会話を広げる上での一番初歩的な手法です。基礎として積極的に使っていきたいところです。ただし、「て」「で」を連発して使っていくと不自然になってしまいます。

「私は野球を9年やっていまして、打順は5番で、そこそこ打てるほうで、男子校だったので、監督がめちゃめちゃ怖くて、いつもびくびくしていて、監督がいない日はちょっとうれしかったです。」

ちょっと会話として変ですね。

現実的には、

「私は野球を9年やっていまして、打順は5番で、そこそこ打てるほうでした。」

という形で終わるのが普通です。

しかしこれでは実質10秒もいかないですね。

そこで心の中で「そんでもって」とつぶやくのです。声に出していく必要はありません。すると頭の中で次の話題を探す癖がついてきます。**「次の話題は何だろう～」と考えるスイッチのようなものが、「そんでもって」というフレーズ**なのです。

話すボリュームが少ない人は、すぐに発言を相手に渡そうとしてしまいます。これではいつまで経っても話す力はつきません。一旦話を区切ったとしても、すぐに次の話題に進むのではなく、少し立ち止まって、「そんでもって」で話題を続けてみましょう。

「私は野球を9年やっていまして、打順は5番で、そこそこ打てるほうでした。（そんでもって）私の学校は男子校だったので、監督がめちゃめちゃ怖くて、いつもサングラスに金属バットを持ってウロウロしていました（笑）。（そんでもって）休日もほとんどなかったです。（そんでもって）あれ以上の苦しさはないので、精神的に鍛えられましたね。」

このように会話を膨らませていきます。

上記の発話の量で大体30秒ぐらいです。これぐらい話せれば理想的です！

自己開示がしっかりできているので、相手も楽しんで聞けますし、自分自身も楽しく会話をすることができます。

『「そんでもって」と呟くだけで話せるわけないよ』、と思う人もいるかもしれません。しかし、不思議なことに**「そんでもって」とつぶやくだけで、自分の発話の量は2倍ぐらいに増えます。**

私の講座では80％の生徒さんがこうつぶやくだけで、発話の量が増えるのです。ぜひ試してみてください。

4 会話が膨らむ「自分へ質問法」

「自分へ質問法」とは文字通り、自分へ質問しながら話を展開していく方法です。といってもよくわからないですよね（笑）。実際にやり方を見てみましょう。

まずＮＧな会話例は、以下のような形でした。

稲垣「川島さん好きな旅行先はどこですか？」
川島「鳥取が好きですよ。稲垣さんは？」

このようにすぐに質問を返してしまうと、「刑事の取調べ質問」になってしまい、会話は盛り上がりません。そこで、話を膨らませるために自分に質問してみるのです。

稲垣「川島さん好きな旅行先はどこですか？」

川島「好きな旅行先ですか……そうですね。鳥取が好きですよ。

　鳥取のおもしろいところはどこかというと？

　やっぱりオススメは鳥取砂丘です。

　鳥取砂丘は本当に砂漠に行ったような気持ちになるぐらいとても広い場所で、めちゃめちゃ開放的になりますよ！　夏に行くと、暑さから砂漠に迷い込んだ気持ちになります（笑）。」


このように、1回相手の質問に答えた後も、自分へ質問をして会話を継続していくのです。

自分へ質問を考えてみると、

・鳥取のオススメはどこかというと？
・どうして鳥取が好きなのかというと？

・鳥取のおいしい食べ物は何かというと？
・鳥取できれいな場所はどこかというと？
・鳥取の思い出は何かというと？

などが挙げられるでしょう。
慣れないうちは**語尾を「〜というと」と変えると、自分への質問が作りやすくなります。**

もうひとつ例を挙げてみます。

稲垣「川島さんオススメのお店とか知っていますか？」
川島「食べもの屋さんですか〜。最近ですと、時間がゆったりできるカフェですね。
　渋谷にあるノマドカフェとかオススメです。
　ノマドカフェのどこがいいのかというと？

渋谷から5分ぐらいで近いわりには、結構すいているところですね。席と席の感覚も広々としているし、電源を使える席が多いのでPCとかで仕事もできたりします。雰囲気もオシャレなので、デートにも使えちゃうと思いますよ。」

このように、店舗を言うだけでなく、あくまで相手の質問を最初の入り口にして、その後の話を展開していくのです。
自分へ質問を考えてみると、

・ノマドカフェの便利な点はどこかというと？
・ノマドカフェにはまったきっかけはというと？
・オススメのメニューは何かというと？

などが挙げられます。

会話が苦手な人は、相手の質問に対して「真面目に」答えるだけで、すぐに会話をやめてしまうのです。相手の質問に最低限答えているという点では真面目ですばらしいのですが、サービス精神が足りないとも言えます。

会話はお互いの共同作業でお互いが話題を提供し合うことで理解が促進され、仲が良くなっていくものです。**相手の質問はあくまでもきっかけにすぎないのです！**

話すことがない……すぐに会話が終わってしまう……という悩みを抱えたら、「自分へ質問」を思い出して話題を広げてみてください！

自分へ質問しよう！

5

答えにくい質問は「すりかえ法」で対処

　コミュニケーション講座を開催していると、生徒さんからこんなことをよく聞かれます。

「相手から質問を受けたとき、自分の興味のある話題なら話せるんですけど、興味がないこととか知らないことだと話しようがないんですよね。」

　確かに会話をしていると、困るのが答えにくい質問です。特に自分の興味と被らない質問については、苦労する人が多いです。

　例えば、普段旅行にあまり行かない人が、「好きな旅行先はどこですか?」と聞かれたら答えに窮《きゅう》してしまうでしょう。

　フランス料理に興味がなく、ラーメンばかり食べている人が、「フランス料理でおいしい店を知っていますか？」と言われても答えようがありません。

会話を真面目に考える人は、

「いや〜旅行あまり行かないんですよ……。」

「フランス料理はあまり食べませんね……。」

と正直に答えてしまい、そこで会話が終わってしまうことがよくあります。

これは極端な例ですが、**会話をしていると自分が必ずしも答えやすい質問が飛んでくるわけではない**のです。

ただ、短文で**「興味がない……」と言われたら、会話は盛り上がらなくなってしまいます。**

例えば、皆さんが聞き手だったとして、「旅行とか行かれますか？」と相手に話したときに、相手が「旅行はあまり行かないんですよね……」と返してきたらどう思うでしょうか。「そうなんだ〜」と思うと共に、（ちょっと変なこと聞いちゃったかな……）と不安になるでしょう。

相手の質問に対して、「興味ない」、「行ったことがない」、「よく知らない」と答えてしまうことは、せっかく質問をしてくれた相手に対して、礼儀を欠いていると言ってもいいかもしれません。

そこで、興味がない話題、情報をよく知らない話題であっても、できれば30秒ルールを守って、なんとかお話できるように心がけましょう。

ただ、興味がないこと、知らないことを話すのは、どんなに会話が得意な人でも難しいものです。

そこで、ひとつのスキルとして「質問すりかえ法」を覚えておきましょう。**「質問すりかえ法」とは、相手の質問を自分の答えやすい質問にすりかえてお話しする方法**です。

例えば、旅行に興味がないAさんが次のように質問されたとします。

「Aさん旅行は好きですか？」

「いや～旅行はあまり好きではないんですよね。」

これでは会話が終了してしまいます。


そこで次のようにすりかえてみるのです。

「いや～旅行は行く暇があまりないんです。でも、買い物で街をぶらぶらするのは好きですね。最近ですと、新宿によく行きますよ。

新宿のどこがおもしろいかというと……。」

このように、**相手の質問にまともに答えるのではなく、少し濁して別の質問を自分で作ってお話ししていく**のです。


皆さんは、「あまり行かないです」と言われて会話が終わるのと、「行かないけど、街をぶらぶらするのは好き」と言って楽しそうに話してくれるのでは、どちらがうれしいでしょうか。おそらく大概の人は後者のほうがうれしいと思うはずです。

相手の質問はあくまでもきっかけにすぎません。そこから先に展開していくのは自分の責任なのです。相手から興味がない質問や答えにくい質問を受けたときに興味がない、行かない、知らない……と「真面目」に回答する癖がある人は注意しましょう。

それではいくつか例を見てみましょう。練習としてわかりやすくするために、少し極端な質問にしてあります。

「○○さんは京葉線に興味はありますか？」

「京葉線ですか！　年に5回ぐらいしか乗りませんがお世話になっています。京葉線ですとディズニーがやっぱり有名ですね。

ディズニーランドは好きで、どこが好きかというと？

クリスマスのパレードが大好きです。毎年ひとりで行ってしまうぐらい、はまっています……。」

「○○さんは物理学に興味はありますか？」

「物理ですか！　文系だったのであまり詳しくはないのですが、近い学問だと星の話とか結構好きですよ。

どこが好きかというと？

例えば太陽系の成り立ちの話とか、おもしろいと思います……。」

こんな形で展開していくといいでしょう。

会話の相手は、「興味がない」と返されるよりも、多少質問とずれてしまっても、あなたが楽しそうに話してくれるほうがうれしいものです。

人間関係はサービス精神！　相手に配慮しながら協力して楽しい会話を目指していきましょう。

6 理系男子は要注意！「5W1H質問」

以前、個人指導にいらっしゃった生徒さんで、エンジニアの鈴木さんという方がいました。大学院を卒業したとても優秀な方で、35歳にして10人の部下がいました。

しかし、鈴木さんはある問題を抱えていたのです。

鈴木さんの会社は部下から評価を受けるという人事制度になっているのですが、部下の大半が鈴木さんの人間関係力を低く評価していたのです。

話を聞いてみると、鈴木さんは仕事の話はできるのですが、雑談に対して強い苦手意識を持っていました。そのため、部下とは仕事上の最低限のやりとりのみで、ランチタイムや飲み会を一切主催していなかったのです。

これでは、部下も鈴木さんの人柄を評価しようがありません。人間関係を低く評価するのも仕方ないことでした。

そこで私は鈴木さんの会話のどこに問題があるか探るため、雑談をしてみました。するとと鈴木さんは、以下のような会話のパターンを持っていることがわかりました。

鈴木「川島さんは趣味とかありますか？」

川島「そうですね。旅行が結構好きですよ。山陰の生まれなので、島根とか鳥取に行くことが多いです。」

鈴木「そうですか。山陰にはどうやって行くのですか？」

川島「山陰ですと、寝台列車がオススメでよく愛用しています。東京駅から、夜出発すると、翌朝に着いているんですよ。」

鈴木「へえ〜それは珍しいですね。ちなみに鳥取まで何時間ぐらいで着くのですか？」

大体こんな形で会話が進んでいきます。

鈴木さんの会話の問題は大きく分けて2つありました。

ひとつ目は**典型的な「刑事の取調べ質問」になっていた**ということです。質問が続きすぎると話し手もだんだん疲れてきてしまいます。

2つ目の問題としては鈴木さんの**興味の対象が「5W1H」に偏りすぎていた**ということです。

会話をしていると、鈴木さんは質問を一生懸命してくれるのですが、

・いつですか?
・何時間ぐらいかかりますか?
・それはどこにあるのですか?
・誰と行ったのですか?
・どうやって行ったのですか?
・それはいくらですか?

こういった質問ばかりなのです。

実はこういった質問は、**「自分のための質問」であって、「相手が話したい質問」ではない**のです。

なぜなら、これは傾聴をしているようですが、実はただ相手が持っている情報を自分がゲットしているからです。相手からすると何の得もない質問になってしまっているのです。

5W1Hに関する質問は、会話の冒頭でとっかかりとしてはいいのですが、連発すると冷たい会話になってしまいます。

5W1Hに関する質問を連発するのは、理系の特に男性に多い傾向にあります。思い当たる節がある人は注意しましょう。

7 感情的な言葉を入れると弾む会話になる

「相手自身に焦点を当てた質問をする」と話は弾みます。コツは、感情を表す言葉を入れながら質問をするのです。

例えば前項の鈴木さんの質問は、

「山陰にはどうやって行くのですか?」

「何時間ぐらいかかりますか?」

というものでした。


これは私（川島）の気持ちから外れた質問でした。極論すれば、私に聞かなくてもグーグルで検索できます。

これに対して感情をくっつけて、川島本人の気持ちを聞く質問に変えると次のようになります。

「山陰で川島さんがお気に入りの場所はどこですか？」
「山陰で何か思い出に残っている食べ物はありますか？」
「どんなところにまた行きたいですか？」
「寝台列車の醍醐味はどんなところですか？」
「寝台列車が気に入っているんですね！　何か好きになったきっかけとかあったんですか？」

これらの質問は**グーグルでは検索できない、本人にしかわからない感情**です。

特に**プラスを意味する言葉をくっつけて質問をすると、90％相手が話したい話題になります。**人間はプラスの感情を出しているとき、とても楽しい気分になります。

そういった感情を引き出してくれる聞き手に対しては好意を持つのです。

５Ｗ１Ｈばかりを質問してしまう人は、相手の感情に焦点を当てた質問をするように心がけてみましょう。

相手はどんな気持ちなんだろう、どんなきっかけで好きになったんだろう、という気持ちで質問すれば、相手の深い感情が出てきて、心の交流がしやすくなります。

具体的には、次のような言葉を入れます。

好き　オススメの　うれしい
気に入っている　楽しい　おもしろい
興味を持った　欲しい　○○したい
思い出の　すばらしい　一番の
きれいな　おいしい

鈴木さん「川島さんは趣味とかありますか？」

川島「そうですね。旅行が結構好きですよ。山陰の生まれなので、島根とか鳥取に行くことが多いです。」

鈴木「そうですか！　実は山陰に行ったことがないのですが、島根とか出雲大社があっておもしろそうですね。

　私は伊勢神宮とかも好きなので、山陰の話、興味があります。ちなみに川島さんのオススメの山陰のスポットはどこですか？」

川島「山陰ですと、鳥取がオススメですよ！

　特に倉吉という街は蛍がすばらしくて、1万匹以上の蛍を見られる場所があるんです。川沿いに蛍が瞬いている風景は、一度見たら絶対忘れられないぐらいきれいですよ。」


こんな形になりました。

177ページと比べてみてください。大きく変化したのは、鈴木さんが**自己開示をして自分の情報を積極的に開示している**点と、**相手の感情に焦点を当てた質問ができ**

ている点です。

この2つを変えるだけで、かなり会話の質が変わってきてくれます。

いい聞き手は、「情報への質問」ではなく「相手の感情に焦点を当てた質問」ができる人です。

もし会話がどこか硬くなってしまう、どこか冷たい印象を持たれてしまうという人は試してみてください。

相手の感情に話しかける

8 相手の話を聞くことに疲れたときの対処法

質問の中に感情的な言葉を入れると、相手の話のボリュームは自然と増えるものです。特に発話タイプに対しては顕著です。質問をちょくちょく入れて、オウム返しをすれば、相手は楽しく会話をしてくれます。

しかしここで問題がひとつ出てきます。

それは、相手の話を聞くのは疲れるということです。**傾聴タイプの人でも、相手の話を集中して聞いているとぐったりしてしまう**のです。

特に相手の話があまりおもしろくないときは、かなり困ったことになるでしょう。

そんなときは、少しアグレッシブに**相手の話から自分の好きな話題に変えてしまいましょう。**

相手の話を変えてしまうなんて失礼なんじゃないか、と感じる人もいるかもしれません。しかし、第1章でもお伝えしましたが、会話はある程度の自分勝手さを持っていたほうが、肩の力が抜けて楽しくできるものです。

相手の話を聞くことに疲れたら、すりかえ法と同じように、自分が話したい話題を話してみましょう。

川島「○○さん、最近お仕事はどうですか?」

稲垣「仕事ですか! 実は最近新しいプロジェクトが決まりまして、今準備に追われているところなんですよ。

実は今までは決まった仕事を淡々とこなすだけで充分だったのですが、これからはそうも言っていられませんね……。

ただ責任重大ですが期待の裏返しでもありますので、これから頑張りますよ……。」

川島「そうですか~。新しいプロジェクトが決まったのですね。応援しています。

私も最近仕事で変わったことがありまして、上司が変わったのです。

今までちょっと嫌な上司で理不尽だったのですが、今度の上司はとてもやさしい人です。

特にうれしかったのは……。」

会話では自然と相手から質問がくることが理想です。しかし、相手がいわゆるＫＹな人の場合、ずっと話し続けてしまうことがあります。

その場合は、**やや強引に自分の話に持っていってもいいのです。**

もちろん毎回はＮＧですが、たまには自分の好きな話題を話してみましょう。

9 ネタ帖はコミュ力UPの必須アイテム

第2章では、初対面からの会話のコツについてお伝えしました。

復習すると、初対面の人とはまずは天気や交通の話でアイスブレイクをして、その後、住所や旅行の話題、その次にスポーツや本の話題……というようにだんだんと深い部分の話を進めていくと、心地良くコミュニケーションが進んでいくということでしたね。

ですから**「雑談という場」に出る以上は、ある程度自分の持ちネタを用意しておくべき**です。

コミュニケーション能力はとても曖昧《あいまい》な能力で、自然に身につけてしまっている人がいるゆえに、どこか「そこそこの努力で身につく能力」と誤解されやすいところがあります。

しかし、この意識は本当に誤りです。今までと同じように漫然と過ごしていたら、いつまで経っても話す力はつきません。どこかで意識を変え、話題を作る努力をしましょう。

もしあなたが話すのが苦手であるならば、地道な努力ですが、ネタ帖を作成してください。

話題を親密度レベル順に用意しておくのです。交通、住所、出身、旅行、スポーツ、音楽、本など、**全部で20個くらい用意する**といいですね。

Ａ４のノートでもいいですし、ブログに書いておくのもいいでしょう。**まずはテーマを書いて、文章を８００文字程度で書いておきましょう。**

話す力がある人は、すぐに書くことができると思います。文章を書くのが苦手な人は、慣れるまで以下にならって書いてみてください。

○声がけ

最初は「声がけ」から書いていきましょう。声がけとは、会話が途切れたときなどに自分から話すきっかけとなるはじめの一言です。

例えば、

・ちょっと聞いてもらってもいいですか?
・そう言えばさあ~
・あっ!　この前さあ~
・ちょっと話飛ぶけど
・最近気になったことがあるんだけど

こんな感じで話すきっかけを作っていきます。最初の入り口の合図があると、精神的に楽に話せます。

○切り出し

次に、

・WHEN
・WHO
・WHERE
・WHAT

でざっくりとした概要を説明します。

これを「切り出し」と呼んでいます。切り出しの部分は話題によっては書かなくても構いません。

○メイン部分

切り出しを話したら、次にメインの部分を話します。メインの部分は、最初に以下の4つの質問のどれかを選んで書き出しましょう。

・思い出に残ったのは……
・おもしろかったのは……
・びっくりしたことは……
・印象に残ったのは……
（4つの質問から選択）

話が苦手な人でも、とりあえずこの順序通りまとめれば、そこそこわかりやすい話になります。しばらく練習してみてください。もちろん、慣れてきたら、自分なりに800文字程度の文章を書いてみることをオススメします。

○記入例

・テーマ

食べ物

・声がけ

そう言えばさあ～

・切り出し部分

WHEN……3日前のことなんだけど

WHO……職場の同僚と

WHERE……目黒のトンカツ屋で

WHAT……ヒレカツ定食を食べてきたんだ。昔からある老舗で、前から行きたかったたんだ。

・メイン部分

印象に残ったのは？

（木目調のカウンター）

老舗らしくカウンターが全部木目調なんだ。普通のトンカツ屋さんだと作っているところが見えないけど、このお店はおすし屋さんみたいに職人さんが手作りしているのが全部見られるんだ。それを見てるだけでも時間があっという間に過ぎていってしまうよ。

（職人さんの格好）

職人さんはすし職人みたいな感じで、みんなほぼ坊主。「ちゃんと修行しました！」っていう感じのオーラを出しているんだ。それだけで、料理がうまい人が作っている感じがしたよ。

（サクサクのカツ）
衣がサクサクで、中はジューシー。最高においしかった。日本的な店なので、
大釜で炊いた炊き立てのホクホクのご飯も最高！

さて下書きがかけたら次は実践練習です！

非常にばかばかしく思われるかもしれませんが、これをするかしないかで会話の基礎力がつくかどうかが決まります。

できれば、**お気に入りの芸能人や友達の写真などを用意して語りかけるように読んでみてください。**ペットでも構いません。

ちなみに私は、コーギーの春ちゃんにお話ししていました。


1回読むと、どこか不自然な箇所やうまく話せない部分、棒読みになってしまう部分が出てくると思います。その場合は、文章をブラッシュアップ（校正）したり、読むときに抑揚をつけてみたりして何度も練習しましょう。

この練習は地道な練習ですが、即効性があって、絶対に武器になります。面倒くさいな〜と感じる作業だとは思いますが、自分のためです。こういった地道な努力なくしてコミュニケーション能力の向上は望めません。

どんなスキルでもそれなりに時間はかかるものです。皆さんが部活をやっていたときのことを思い出してください。それなりに形になるまで、かなり多くの時間をかけましたよね？

私は野球部でしたが、2時間の練習を30日ぐらいかけてやっとキャッチボールやバッティングのコツがおぼろげながらわかってきました。

コミュニケーションについてもぜひ同じ意識を持って頂きたいのです。**スキルは天から勝手に降ってくるわけではありません。「努力ができるか」、この一点にかかっているの**です。

10 鉄板ネタを用意しよう

基本のネタができたら次は、笑えるネタを用意しておきましょう。コミュニケーション能力が高い人は、間違いなく場を和ませるちょっとした笑える小話を複数持っています。

真面目な話だけでうちとけるのは、かなり難しいです。**ばかばかしい笑えるネタがあるかどうかで、相手と仲良くなれるかが決まってきます。**心理学的には、ユーモアのある人は説得力が高く、対人スキルも高いと言われています。

鉄板ネタを用意しておくことのメリットは、相手がどんな人であろうと、ある程度計算ができるということです。

おもしろいネタであれば、相手が傾聴タイプだろうが、発話タイプだろうが、閉鎖タイプだろうが、一定の成果を上げることができます。

また笑えるネタといっても、爆笑ネタでなくても構いません。くすっと笑えるネタで充分です。

「この人は、ちょっと笑わせようとしているな」という姿勢があるだけで、会話はほぐれるものです。多少は外してもOK！

私もしょっちゅう失敗して、生徒さんから「先生、今の話あまりおもしろくないです」とつっこみを入れられます。コミュニケーション講座の講師のくせにすべるので、それがまたおもしろくて、場が和んだりします。

例えば、こんな感じです。

雑談の中ではよく「休日の過ごし方」を話題にすることがあります。

「休日ですか？　そうですね～。私は平日休みなのですが、男の平日休みって意外と大変なんですよね。日中、友達は働いているし。

あえて言うと、横浜の野毛山動物園によく行きますね。ここは無料なので、公園代わりに行けるのがいいです。

で、この動物園どんな動物がいるのかというと、世界最高齢のラクダがいるんです。ツガルさんというラクダなのですが、年齢は39歳。人間で言うと130歳ぐらいらしいです。

ただツガルさんおばあちゃんなので、もうボケちゃっているんです。日中ほとんど動かないでひたすらよだれをダラダラたらしているんです。薄目を開けて、ひたすらよだれをだらだら。そのよだれがめちゃめちゃ長くて、長いときは1メートルぐらいになるんですよっ！

その姿を眺めているとなぜか日ごろの悩みが吹き飛ぶので、何もない日はツガルさんに会いに行くようにしています。」

こんな感じのちょっとしたネタをはさんでいます。文章だと伝わらないかもしれませんが、よだれをだらーっと流すのくだりで、ツガルさんの真似をすると大概くすっと周りが笑ってくれます。

爆笑の渦を作ろうなんて頑張る必要はありません。相手がくすっと笑ってくれたらいいな～というぐらいに軽い気持ちでチャレンジしてみましょう。

第5章

シチュエーション別会話で困ったときの解決法

1

話題が途切れたら「食べ物」か「旅行」

話題が途切れてしまう……という現象は会話の中では仕方のない面もあります。1分当たり人間が話す言葉を文字に起こすと大体350文字程度です。

仮に1時間2人で会話をすると350文字×60分＝21、000字になります。単純に2で割ると約1万文字ですね。400文字の原稿用紙に起こすと25枚ぐらいにはなるでしょう。

1時間の会話で人間は無意識にこれぐらい話しているのです。すごいことですね。

会話の量がこんなに多いのであれば、1時間まともに集中して会話が途切れないようにしようとすることは難しい。ですから、たまに会話が途切れて30秒ぐらい間が開いてしまうのはOKと考えましょう。

「間を切らせてはいけない」と肩に力を入れすぎると、その頑張りがかえって居心地の悪いものになってしまいます。

「リラックスして堂々と間を楽しむ！」ぐらいの気持ちはどこかで持っていたいものです。

とはいっても、ずっと無言で何も話さないわけにはいきません。

そこで、話題が途切れてしまったときの応急処置について考えていきます。

まず一番基本的なやり方です。話すことがなくなってしまった……話題がないと感じたら、とりあえず**第2章でお伝えした話題を親密度に応じて上から順に使ってみてください。**

例えば、使っていないネタにスポーツの話題があったら、

「○○さんはスポーツとかやっていましたか？」

「スポーツで好きなものとかありますか？」

と質問をしてみましょう。

逆に自分から、

「私、実は野球を9年間やっていたんですよ～。ポジションはレフトでして、いやー～この部活が厳しくて……。」

と話題を提供するのもいいでしょう。

特にコミュニケーションが苦手で傾聴タイプの人は、ぜひとも自分から話を提供することに挑戦していきたいものです。

「いくつも話題を覚えられないよ～。すぐに使えるものはないの？」というちょっと横着な人は、とりあえず食べ物と旅行の話題だけは覚えておいてください。

私も困ったときは、食べ物と旅行の話題で間をつなぐことが多いです。

例えば、飲み会などで話題が途切れたときは、

「そう言えば、皆さんデートのときとか、どうやってご飯屋さんを調べていますか？」

「皆さん普段食生活とかどんな感じですか？」

「好物は何ですか？」

などといった質問をするといいでしょう。

食べ物の話題は少なくとも本や映画よりも、普遍的でハズレが少ないと言えます。

もちろん自分から話を提供しても構いません。

「最近、はじめて（デカ盛りの）ラーメン二郎に挑戦したんですよ！　いや～なかなかボリュームが多かったですね。特におもしろかったのが……。」

というように、切り出してみましょう。

また、**5年以内に旅行している人は90％以上**というデータがあります。ですから、

「そう言えば、○○さんは旅行とか行かれるのですか？」

「今度旅行に行こうと思っているのですが、○○さんが旅行した中でオススメの場所

はありますか?」

と相手に聞くのもいいですし、自分から話題を提供して、

「そう言えば、先日ちょっとした旅行で、箱根に行ってきました。お約束どおりのルートです。大涌谷で温泉卵を食べましたよ。最近は結構外国の方が多いんですね……。」

という感じで話してもいいでしょう。

このように会話が途切れたときの応急処置としては、「食べ物」「旅行の話題」と覚えておくといいでしょう。

2 話を遡《さかのぼ》り話題を広げる

次は少しレベルが高くなりますが、話題を遡るというやり方があります。**会話というのは原則として、「大きな話題→小さな話題」と進んでいく**傾向があります。

少し極端な例ですが、肉をそぎ落として骨格だけ残した会話の例を見てみましょう。

Aさん「好きな旅行先はどこですか?」
Bさん「京都が好きです。」
Aさん「京都のどこが好きですか?」
Bさん「清水寺です。」
Aさん「清水寺のどんなところが好きですか?」
Bさん「やはり清水の舞台からの京都を一望できる景色です。」

この例を見ると、

旅行→京都→清水寺→清水寺の景色

という形で細分化されていくことがわかります。

本当の会話でしたら、もちろん話題がぽんぽん飛んでいったりしますので、このようにわかりやすくは進んでいきませんが、基本的には「大きな話題→小さな話題」と細分化されていくのです。

そこで**話題に困ったときは直近5分間ぐらいに出てきた話題を思い出してみましょう。**そう言えば、旅行、京都、清水寺の話題が出たな、と考えるのです。

次にその中から**興味がある話題をピックアップ**します。

例えば「京都」を選んだとしましょう。

京都を選んだら、次に京都から**連想できることを考えます。**

お寺、食べ物、神社、観光名所、宿……。

これらの名詞が頭の中に出てきたらそれをベースに**質問するか、自分から話をしてみる**といいでしょう。

○質問する場合

「そう言えば、京都ではどんなものを食べたのですか？」

「京都ではどんな宿に泊まったのですか？」

○自分から話す場合

「私も京都に行ったことがあるのですが、気に入っているお寺は三十三間堂です。三十三間堂にははじめて行ったときは、本当にびっくりしました。なぜなら……。」

「私は京都に修学旅行以来行っていないのですが、また行きたいですね。修学旅行のときは○○という宿に泊まったのですが、この宿の料理が今でも思い出に残っています。どんな料理だったのかというと……。」

という形で続けていくといいでしょう。

話題に困ったら、

①この直近5分で出てきた話題を思い出す
②その話題から連想できる話題を探す
③質問するか、自分から話題を提供する

この3つのステップを覚えておくと、話題に困らなくなると思います。

3 「ウィキペディア連想法」で話題を広げる

ウィキペディアを使ったことはありますか。

ウィキペディアはネット上の百科事典で、調べ物をするときにとっても重宝する検索システムです。会話をするときもこのウィキペディアのアルゴリズムを応用すると、話題が作りやすくなります。

例えばウィキペディアで、「鎌倉」と検索すると以下のような文言が出てきます。

「鎌倉（かまくら）は、現在の神奈川県鎌倉市の中心部に当たる地域。源頼朝によって鎌倉幕府が置かれた都市であり、三浦半島の付け根に位置し、相模湾に面している。古くは鎌府（れんぷ）とも呼ばれた。」

そして便利なのが、その文字列の中にリンクが貼ってあって、そこをクリックすると、さらにその文字が調べられるという点です。

例えば、源頼朝ってどんな人だろう……と考えてクリックをすると以下のような文字が出てきます。

「源 頼朝（みなもと の よりとも）は、平安時代末期から鎌倉時代初期の武将、政治家であり、鎌倉幕府の初代征夷大将軍である。」

そしてさらにその説明の中で興味がある文字列をクリックする……という感じで永遠と調べ物ができるのです。

会話でもこのアルゴリズムを使うと話題がつきることがありません。

例えば会話の相手が、

「私の職業はＩＴ系で、今は銀行系のシステムの構築の仕事をしています。コボルというちょっとマニアックな言語を使っています。」

と答えてくれたとしましょう。

そうしたら、

「銀行系のシステムですか！　銀行は皆が使うものですし、社会的になくてはならないものですから、とても重要な仕事をされていますね。」

という形でまずは相手の職業を肯定しましょう。

さて、まず相手の職業を肯定できたとして、その後が問題です。

ＩＴ系の人でなければ、コボルと言われてもよくわからないですよね。ここで**会話が苦手な人は（よくわからないから会話を広げられないな）と尻込みしてしまいます。**

「よくわからないから会話が止まる」という癖をつけてしまうと、よほど話題が豊富でない限り会話は続きません。

今の世の中は趣向も立場も違う人がそろっているのですから、知らない話題が出てくるのは当たり前です。このように**わからない話題の場合は、ウィキペディアを思い出して、相手の発言にリンクを貼ってみましょう。**

「私の職業はＩＴ系で、今は銀行系のシステムの構築の仕事をしています。コボルというちょっとマニアックな言語を使っています。」

ここでウィキペディアを検索するように、相手に質問をしてみましょう。

○ ＩＴ系をクリックした場合

「私はＩＴ系については職業柄飲食なのであまり詳しくないのですが、ＩＴ系というとどんなお仕事があるものなのでしょうか？」

○銀行のシステムをクリックした場合

「銀行のシステムの構築って、イメージがちょっとできないのですが、どんな感じのシステムなのでしょうか？」

○コボルをクリックした場合

「コボルってはじめて聞きます！　とても専門的な印象を受けますが、どんな言語なのでしょうか？」

こんな感じで質問するといいでしょう。

そうすると、相手が回答をしてくれるので、その発言に対してまたリンク

新しい話題の窓を開く

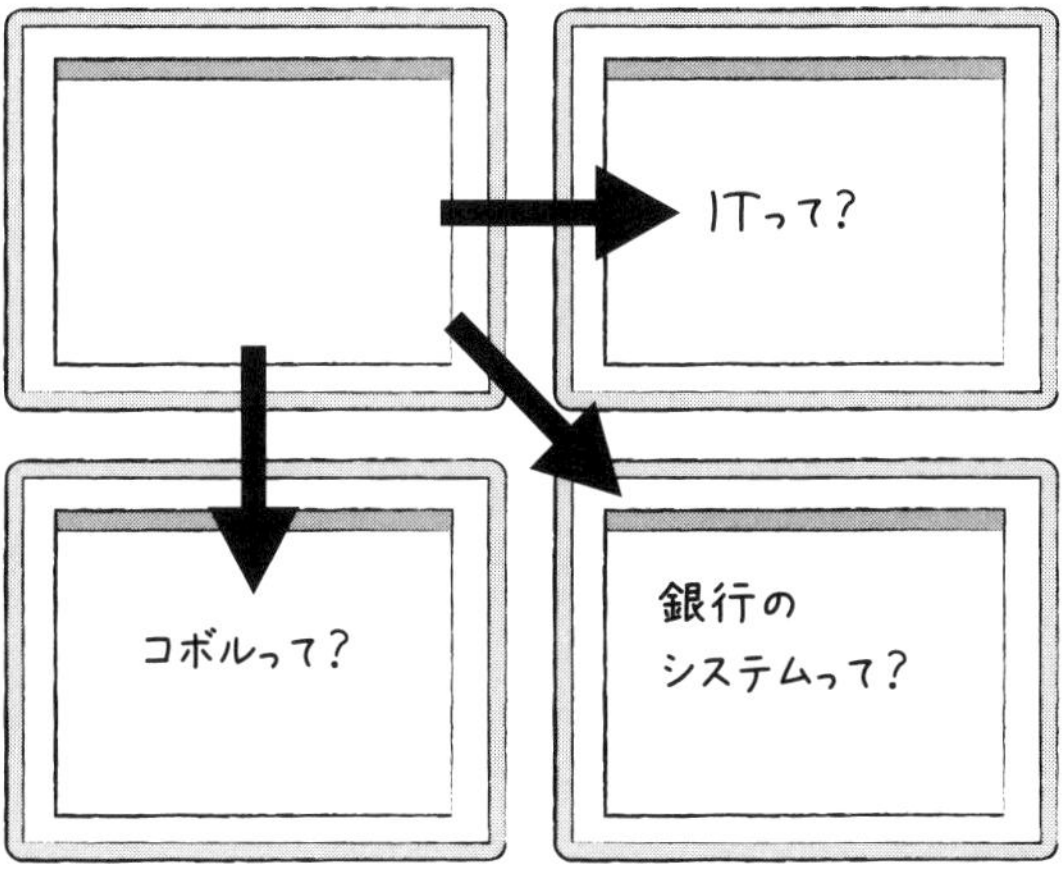

を貼って質問をしていくと、会話が続いていきます。

注意しなくてはいけないのは、**適度に自己開示をしながら質問をしないと尋問になってしまう**ということです。

ウィキペディアは尋問されても文句は言いません！「調べすぎ！」というエラーコードも出てきませんが、人間の場合は、いろいろ聞きすぎると不快感を持たれてしまいます。

ですから、ある程度は自分の話も織り交ぜながら会話を進めるように気をつけてください。

4 リアクションが薄い人との話し方

リアクションが薄い人と話すことがあるでしょう。そういう人との会話はどこか物足りないという感覚になるかもしれません。

・もっと話してくれよ
・たまには質問してくれてもいいのに
・何を考えているのかわからない

こんな思いに囚われてしまい、相手に対してイライラしてしまうことがあるかもしれません。

最近の研究で人間の性格は先天的にある程度決まってきていることがわかっています。気質というのはわかりやすく言えば、明るいとか、暗いとか、よく話すとか、あまり話さないといった部分です。

リアクションの大きさについても、ある程度決まっています。**リアクションが薄い人は、人間関係に対する防衛意識が少し高いので、本当に自分を出していいか、時間をかけて判断する傾向にある**のです。

リアクションが薄い人と会話をするとしたら、まずは**相手のそういった警戒する心を理解した上で、自己開示の量を増やすことを心がけましょう。**

リアクションが薄い人は自分のことを根掘り葉掘り聞かれることを嫌がる傾向にあります。まずは自分が安全な人間であることを示しながら、表情がほぐれた瞬間などを見て、適度に質問するぐらいで充分だと思います。

私も講師をしていますと、最初の講義では緊張している人が多く、リアクションがちょっと得られないことがあったりします。いつもは笑いをとれるはずのネタがすべったり、話しかけてもいい反応が返ってこなかったり。

しかし、安心感のある人とのふれあいを少しずつ積み重ねることで、だんだんと人に対する健康的な反応を取り戻してくれます。

リアクションが薄い人は、決してあなたのことを嫌いなのではなく、「どう自分を表現していいかわからないだけ」であることが多いのです。

相手に対して何かを求めるのではなく、やさしく、少しずつ相手の心の門を開いていくような気持ちで接するといいでしょう。

いつもリアクションが悪かった人が、警戒心を解いて笑ってくれるようになったときほどうれしいことはありません。

私が仕事をしている中での楽しみのひとつでもあります。

5

好感を持たれるアイコンタクトのやり方

コミュニケーションに関する講師をしていると、生徒さんから「人と目を合わせるのが苦手、どれぐらい相手の目を見ていいかわからず、凝視してしまう」という相談をよく受けます。会話をする上ではどれぐらい相手の目を見るかが確かに難しい問題だと思います。

アイコンタクトにはコツがありますので、参考にしてみてください。

アイコンタクトしすぎない

ひとつ目のコツは**聞き手のときは3～5割前後、話し手のときは2割程度相手の目を見る**ということです。

社会心理学の実験で確かめられていることですが、聞き手のときはなるべく相手の目を見て、話し手のときは多少視線を散らしても問題ないということが確かめられています。

自分と相手の目線が会うのは、50％×20％＝10％で充分です。意外と相手と自分の目が合うのは少ない時間でいいということを覚えておきましょう。

「アイコンタクトが重要だ！」と考えすぎて、相手の目を凝視する癖がある人は気をつけましょう。**相手の目を見すぎると、相手には異常に映ってしまい、逆に不安にさせてしまいます。**

目線を外すときは上から下へ

聞き手のとき、3～5割、話し手のときは2割程度目を見るようにすると、たまに目が合う瞬間が訪れます。このときは、すぐに目線を外してしまうと、不安が相手に伝わってしまうので、**3秒ぐらいは相手と目を合わせた状態を維持する**ことをオススメします。

ただ、不安が強い人は、耐えられないかもしれないので、最初は1秒程度で構いません。1秒程度維持できるようになってきたら、だんだんと相手の目を見る時間を増やしていくといいでしょう。

また目線を外すときも注意が必要です。相手と合っている目線を外すときは、左右に外すと「拒否している」というメッセージになってしまいます。

目線の外し方に注意

なるべく下に外すように気をつけてください。

目から、首に移行したり、目から机の書類に移動したりするのは違和感がありません。

ただし、視線を下に外すことはいいのですが、姿勢は基本的に相手と正面を向けるように気をつけてください。

姿勢を左右に傾けると、相手と対峙していない印象を与えてしまいます。

アイコンタクトにこだわりすぎない

心理療法の中に**森田療法**という分野があり、その中では**精神交互作用**という概念をよく使います。

精神交互作用とは、苦手な分野に意識を向けすぎると、逆にどんどんその分野が苦手になってしまうという人間の心理を意味します。

例えば、あがり症の人がいたとします。

人前でスピーチをするときに「あがっちゃいけない！　あがっちゃいけない！」と考えると逆に緊張している自分を過度に認識して、さらにあがってしまうのです。

このようなときは68ページで紹介した「脱中心化」をして、「あがっているな……。でも、人間の自然な感情だからこの気持ちを持ちつつやるべきことをやろう」という感じで、「あがりながら」スピーチをすることが大事になります。

同じように視線を克服しようとアイコンタクトに集中しすぎると、逆に視線に意識が行きすぎて、余計に不自然になることがあります。「視線を克服しよう！　視線を克服しよう！」と考えるあまり、会話がしどろもどろになってしまうのです。

「目線と合わせるとドキドキするな。ちょっと苦手だな」という人は、この気持ちを否定せずに、「適度に目を見て話せるといいかな」くらいのスタンスで充分だと考えてください。

6 目上の人から気に入られる会話法

社会人になると、目上の人とどうコミュニケーションをとるかということが大きな問題になります。

例えば上司と出張などに出かけると、2時間ぐらい一緒に移動することになります。この移動の時間、もし会話がまったく弾まず、気まずい沈黙が長時間続いたとしたら、上司は次の出張に誘うことを躊躇《ちゅうちょ》してしまうかもしれません。

目上の人と話すときにコツは、基本的に「傾聴」がベースになります。

これは一般的に高齢になってくると、人の話を聴くのが苦手になり、話す時間が増えてくる傾向にあるからです。どんなに会話が苦手な人でも不思議なもので、話すボリュームは自然と多くなっていきます。

私はたまに高齢者向けの心理学やコミュニケーションに関する講義をすることがありますが、60歳を超えた辺りから、発話タイプが本当に増えてきます。

第3章でお伝えしたように、発話タイプと相性がいいのは傾聴タイプですから、原則としては目上の人を立ててしっかりと話を聞くということを意識しておくといいでしょう。

7割ぐらい傾聴、3割ぐらい話す意識を持ちましょう。

上司とプライベートの話をしたことがあまりない場合は、原則として、初対面の人との傾聴法と同じです。最初は天気や交通の話、食べ物、スポーツと進めていくといいと思います。この辺はあまり変わりません。

プライベートの情報をお互いわかっておくと、仕事だけの話をするよりもうちとけた関係を作ることができます。

上司の人とお話しするとき、**特に効果が高いのは「家族（お子様）」と「過去の仕事の話」**です。

特にお子様がいる上司であれば、

・お子様は今おいくつなんですか？
・性格はどんな感じのお子様ですか？
・行事とか出たりするんですか？
・普段はどこか連れて行ったりしますか？

こういった質問をすれば、大体機嫌良くお話ししてくれます。

お話をしてくれたらしっかりとリアクションをとり、肯定的なコメントを返してください。そうすれば大概の上司はのってきて、たくさんお話ししてくれるでしょう。

また当然ですが、大事になってくるのは仕事の話です。

特に40歳ぐらいになってくると、人生も折り返し地点で、今までの人生を振り返り誰かに話したい、自分の人生を受け止めて欲しいという欲求が出てきます。

そこで、過去の栄光の話、苦労話などをしっかりと聞くと、あなたに今までよりも強く好意を持つでしょう。

・そう言えば、課長はこの会社に入ったきっかけは何だったんですか？
・思い出に残っている仕事とかありますか？
・課長も苦労した経験とかあるんですか？
・またやりたいと思う仕事とかあるんですか？

とかこういった質問をするといいでしょう。

やや自己開示のレベルが高い質問なので、軽く雑談をして下地ができてからのほうがいいと思います。

7 小さなコミュニケーションの会話法

小さなコミュニケーションとは、例えば、道端でばったり会ったときに交わす1分程度の会話、会社で違う部署の人とばったり会ったときの会話、エレベーターで2人きりになったとき、トイレでたまたま2人きりになったときなどの会話です。

ちょっとした会話というのは、意外と難しいものです。

長時間の会話は多少失敗しても再チャレンジが可能なので挽回が可能ですが、ちょっとしたコミュニケーションは短時間勝負なので、当意即妙な話題選びが必要になります。

ちょっとしたコミュニケーションをするときには、まず**かけ合いを楽しむ気持ちが大事**になります。

少し苦手な人とばったり会ってしまったりすると、何を話そうかなとか、気まずいと思われないかな、などと考えてしまうものですが、それも含めて、さてどんなやりとりになることやら……と考えて楽しんでみましょう。

ちょっとしたコミュニケーションは、ジャズのセッションのような瞬間の楽しみがあるのです。

その上で、何を話していいかわからないという場合は、**四季の話題が王道**です。四季のある日本では老若男女どこでも使えるすばらしい万能な話題です。四季の話題のすばらしさは、時間の経過と共に微妙に変えることができるという点です。

例えば、

・4月

桜が咲いてきれいになってきましたね。今度、お花見に行くんですよ。実際は花より団子なんですけどね。〇〇さんはお花見の予定とかありますか？

・8月

お盆休みは実家に帰ってのんびりしようと思っています。○○さんはお盆何をして過ごす予定ですか？

こんな形で話を展開していくことができます。ばったり誰かと会ったときは四季の話題が基本と考え、会話を展開してみてください。

できれば、最初に軽く自己開示をしてから、次に質問で展開してみるといいでしょう。

次に使えるのが、**相手の見た目の話題**です。

相手をぱっと見たときに何か変化があったらそれを話題にするのです。これは特に女性同士か、女性と男性が会話をするときに有効です。

見た目の話題は、**洋服、髪型、小物、顔つき**などです。

女性同士の場合は、きれいな洋服を着ていたら、

「そのスカート似合っているね！　どこで買ったの？」

「そのバッグ、ステキ！　いつ買ったの？」

などの話題で軽く話してみるといいでしょう。

男性同士でも決まっているスーツを着ている人などにばったり会ったら、挨拶をした後に、「そのスーツいいな。どこで買ったの？」などと軽く話してもいいかもしれません。


顔つきについては、なんだか機嫌が良さそうだったら、

「何か最近明るいよね。何かいいことあったでしょう？」

「最近肌の艶がいいな。幸せなことがあったでしょう？」

といった第一印象から受ける肯定的な情報を、フィードバックして伝えてみてください。


マイナスの情報については、親しい間柄でない限りは控えましょう。

相手がちょっと暗い顔をしていても、「何か元気ないよ……」「何か疲れてる？」と声をかけると相手を傷つけてしまったりするので注意が必要です。

人はマイナスの目で誰かから見られるのは嫌なものです。

親しい間柄や同じ環境で長時間過ごしている場合は、相手のマイナスの情報を気遣って言ってあげるのは愛情ですが、ちょっとしたコミュニケーションでは**なるべく肯定的な情報をサラッと言ってあげる**のがスマートだと言えます。

おわりに

私の好きな言葉のひとつに「守破離」があります。

「守」とは、先人の教えを守り研鑽《けんさん》してそれを自分のものとすること

「破」とは、先人の教えを応用し発展させていくこと

「離」とは、先人の教えから離れ自分の道を行くこと

まずは本書の内容を繰り返し練習していきましょう。何も考えずに九九を解くのと同じくらい練習するのがコツです。

次に、基礎を大事にしながらも、自分なりの個性を出せるように応用していきましょう。

このようにしてできた会話力には厚みがあり、かつ魅力的な自分だけのものになります。

会話力をつけるには日々の努力が必要です。それこそ、ひとつの語学をマスターすることと同じくらいの努力が必要となります。

しかし、会話力をつければ、感情交流ができなかった方といい人間関係が築けるようになり、世界が広がっていきます。

仕事では、営業や社内の人間関係にも、きっと役立つでしょう。夫婦関係も円満になり、子育てもうまくいきやすくなります。恋愛において有利になるのは、言うまでもありません。

本書でお伝えした内容は、さまざまな論文に目を通し、私自身が実践し、さらに研究して仕上げた、実際に効果が出ているものです。

また、現場では800回以上講座を行い、1000人以上の生徒さんと関わってきた中で熟成された内容でもあります。

本書が皆さんの仕事、友人関係、恋愛の助けになれば本当に嬉しいです。

近い将来、実際に皆さんとお会いして、生のコミュニケーションができることを楽しみにしています。

ここまで読んで頂き、ありがとうございました。

川島 達史

■著者略歴
川島　達史（かわしま　たつし）
株式会社ダイレクトコミュニケーション　代表取締役 兼 講師
日本社会心理学会会員
目白大学大学院心理学研究科（現代心理学専攻）修了

20代前半に社会不安障害で引きこもりを体験。自らの状況を打破すべく、心理療法を学び会話の練習を重ね数年かけ回復。

貿易商社に勤務した後、コミュニケーションに関する研究を続けるために大学院へ進学。

2006年に「コミュニケーションで悩んでいる人の役に立ちたい」と考え、株式会社ダイレクトコミュニケーションを設立。

現在は銀座、新宿、横浜を中心に、コミュニケーション講座を開講。また、成人の心理的な問題や会話法について、民間の企業や市で年間約100回の公演を行う。

主な著書
『嫌われる覚悟』『人が怖い』（共にマイナビ新書）

本書の内容に関するお問い合わせ
明日香出版社　編集部
☎(03) 5395-7651

不安《ふあん》がスッと消《き》え、誰《だれ》とでもすぐにうちとける会話術《かいわじゅつ》

2014年　5月　12日　初版発行

著　者　川《かわ》島《しま》達《たつ》史《し》
発行者　石野栄一

明日香出版社
〒112-0005 東京都文京区水道 2-11-5
電話 (03) 5395-7650（代 表）
(03) 5395-7654（FAX）
郵便振替 00150-6-183481
http://www.asuka-g.co.jp

■スタッフ■　編集　早川朋子／久松圭祐／藤田知子／古川創一／余田志保
営業　小林勝／奥本達哉／浜田充弘／渡辺久夫／平戸基之／野口優／横尾一樹／田中裕也／関山美保子　総務経理　藤本さやか

印刷　美研プリンティング株式会社
製本　根本製本株式会社
ISBN 978-4-7569-1696-9 C2036

本書のコピー、スキャン、デジタル化等の無断複製は著作権法上で禁じられています。
乱丁本・落丁本はお取り替え致します。
©Tatsushi Kawashima 2014 Printed in Japan
編集担当　久松圭祐

ダイレクトコミュニケーションから「コミュニケーション講座」のご案内

筆者が主催するダイレクトコミュニケーションでは社会心理学や臨床心理学を大学院で研究してきた講師を中心にコミュニケーション講座を開催しています。

・すぐに会話が途切れてしまう
・人と話すのが不安だ……
・人と話すと落ち込むことが多い……
・会話が盛り上がらない
・友達が少なくて寂しい……

という方は是非いらっしゃってください。

講座内容

・心理学講座……認知行動療法，交流分析の学習
・人間関係講座……傾聴スキル，発話スキルの学習
・社会人基礎講座……論理力，交渉力の向上

お問い合わせ先

○ ホームページ
http://www.direct-commu.com/

○ 電話のお問合わせ
045-633-1897（平日11～15時）

雑談力

武藤　清栄 監修

東京メンタルヘルスアカデミー・フレンドスペース 著

ISBN4-7569-0694-X
Ｂ６判　216 ページ　本体定価 1500 円＋税

接客で、職場で、スムーズな人間関係づくりができなくて悩む人々のために「雑談の技術」を紹介。

誰とでもムリなく話せて「なんとなく気まずいあの瞬間」がなくなる！流れる！

もうだいじょうぶ！

心臓がドキドキせず あがらずに話せるようになる本

新田 祥子 著

ISBN978-4-7569-1671-6

Ｂ６判　224 ページ　本体定価 1400 円＋税

話し方教室に行けば緊張は場数を踏めば改善されるというが、本当はそうではない。あがりは病気の一種。しかし、きちんとそれを認識し、改善していけば改善されるもの。本書ではそのあがりのメカニズムを解説しながら、自信をもって話せるコツを説いていきます。